JN239349

東京商工会議所 編

超基本の

30 ケース

問題解決は
マネジャーの
初動で
決まる！

中央経済社

はじめに

　変化の激しいビジネス環境の下で，マネジャーには，ますます多様化し複雑化する様々なリスクに適切に対処しながら成果を上げることが求められています。すなわち，マネジャーは，自分のチームや部下，業務に問題が発生した場合に，その問題に潜むリスクとその背後にある法令の知識をきちんと理解し，適切に問題に対応する必要があり，コミュニケーションやリスクに関する知識に裏打ちされた経験の蓄積が必要不可欠です。
　ところが実際には，様々な問題に対処する経験が必ずしも十分でないまま，日々生起する問題の対応に追われているマネジャーもいることでしょう。

　マネジャーは，自身の経験から学び将来起き得る同様の出来事に生かすだけでなく，その経験に含まれる核心ともいうべきエッセンスを抽出し，それを新たな問題解決に応用し成果を出す能力を身につけなければなりません。

　本書は，マネジャーが日常的に直面しやすい問題を含む30のケース（事例）を設定して，そこに含まれる実務的問題，問題解決のための初動対応を中心とする対応方法，およびその関連する法律知識を整理しています。また，マネジャーに求められる問題解決の経験を補完し，法律知識に裏打ちされたリスク対応能力の重要性を認識できるよう工夫されています。

　現在マネジャーとして活躍されている方や新任マネジャーだけでなく，これからマネジャーになろうとする方が，本書を活用することによって，リスクを踏まえたマネジメント能力を向上され，ますます活躍されることを願ってやみません。

東京商工会議所

＼ 本書のつかい方 ／

　本書は，日常的なビジネスシーンで想定される30のケースを題材に，マネジャーが直面する様々な問題への対処法や問題解決に必要な視点・知識を平易に解説しています。

　また，各ケースのタイトルは，どのような問題が起きたかが具体的にわかるように工夫されています。これにより，業務に多忙で時間のないマネジャーは，目次のタイトルと分野名を見れば，関心の高いテーマのケースを即座に見つけることができ，マネジャーが直面する様々な問題を解決するために有用な視点・知識を確認することができます。

　各ケースは，基本的に「ケース」「このケースのみかた」「ここがポイント！」「３分間解説」「こちらもチェック！関連法令」で構成されています。

　ケース では，そのタイトルに示されているテーマについて，具体的な事例を紹介しています。各ケースで登場する主な会社や人物については「登場人物紹介」にて紹介されていますので，各ケースのイメージを掴むための参考にしてください。

　このケースの みかた では，各ケースを読み解くにあたって必要となる視点や知識が簡潔に述べられています。

　ここが ポイント！ では，各ケースの問題点やその解決策の要点について，登場人物の具体的な言動を踏まえて簡潔に示されています。

　３分間 解説 では，各ケースで生じている問題を解決するために必要な視点や知識がわかりやすく説明されています。いずれのケースにおいても，短時間で読めるように，簡潔な記述となるよう工夫されています。

　こちらもチェック！ 関連法令 では，各ケースに関連してマネジャーとして知っておきたい法律知識を紹介しています。

＼登場人物紹介／

［Ｘ社：精密部品メーカー（資本金１億5,000万円）］

精密部品を製造する会社であり，その主要な取引先としてＹ社がある。

鈴木営業課長：

Ｙ社が製造する製品の顧客を開拓し，その連絡窓口となり，または製品を顧客先に納品する業務等を行う営業課の課長。

高橋主任（営業部）：

営業課の主任として鈴木営業課長を補佐するとともに，Ｘ社の重要顧客であるＹ社を担当する。

田中さん（営業部　女性）：

営業部において，高橋主任とともに重要顧客であるＹ社を担当する。

［Ｙ社：消費者向け製品メーカー（資本金５億円）］

消費者向けに様々な製品を製造する会社であり，精密部品メーカーであるＸ社とは長年の取引がある。

中村総務課長：

Ｙ社のあらゆる部門との関係調整をし，様々な管理業務を行う総務課の課長。

山本製造部課長：

Ｙ社の製造ラインの部品の調達から製品の製造まで責任を持つ課の課長。

［Ｚ社：販売会社（資本金10億円）］

佐々木店舗運営課長（女性）：

Ｚ社が運営する店舗に対し，各店舗に共通の販売促進企画を提案したり販促品を提供したりといった店舗の支援業務のほかクレーム対応窓口としての業務も行う店舗運営課の課長。山田営業課長とは同期入社。

山田営業課長：

Ｚ社の商品を大口に扱う法人などを対象に営業活動を行う営業課の課長。佐々木店舗運営課長とは同期入社。

阿部さん：

新入社員

松本店長（店舗甲）：

郊外に位置する大型店であり，多種多量の商品を取り扱う店舗甲の店長。

木村君（店舗甲）：

中堅社員として，比較的高額な商品の担当を長年任されており，必要な仕事をそつなくこなすことで松本店長や他の従業員の信頼も厚く皆に慕われている。

目 次

1 人員不足の現場を マネジメントするときには どのようなことに注意すべきか

分野： 職場のリスク　チームのマネジメント

ケース

　精密部品のメーカーであるＸ社では，発注増により業務を遂行するのに必要な人員が確保できておらず，慢性的な人手不足の状況で大量の業務をこなさなければならならない状況が続いています。

　鈴木営業課長のチームでは，4月に行われた定期の人事異動で部下の数が減少し，部署内の仕事を整理して，従来は複数の部下で行っていた業務をひとりが担当するようにしました。

　鈴木営業課長の部下の中には，まもなく主任になることを期待されている渡辺君がいます。渡辺君は，責任感が強く真面目な性格であることに加え，淡々と仕事を進めていくタイプであり，Ｘ社に入社して10年ほどですが，これまで大きなミスもなく堅実な仕事ぶりに社内でも高評価を得ています。

問題の発生

　Ｘ社内における業務の繁忙度が最高潮に達した時期に，Ｙ社との間で，渡辺君の連絡ミスを発端として大きなトラブルが発生しました。しかし，そのトラブルは，鈴木営業課長の助けを借り，渡辺君のがんばりもあって無事収束しました。

　このトラブルが起きてから，渡辺君は，二度とミスを犯さないように，より慎重に仕事を進めるようになり，極端に仕事をこなすスピードが遅くなっ

もっと早く仕事
できないのか？

仕事しにくいな。

若手社員

高橋主任

ていきました。渡辺君は，期限の近い複数の仕事を抱えるのを嫌がり，先輩の高橋主任に相談をして自身の仕事の一部を高橋主任に代わりにやってもらうようになりました。高橋主任は，渡辺君がトラブルを起こした時から渡辺君を心配しており，当初は業務分担に積極的に応じてくれました。しかし，高橋主任は，自らも多くの仕事を処理しながら渡辺君の仕事を手伝っており，渡辺君の慎重すぎる仕事の進め方に苛立ちを募らせるようになってきました。

　こうした状況が続く中，高橋主任は，些細なことで渡辺君と口論となりましたが，高橋主任はすぐに冷静さを取り戻してその場は納まりました。ただし，このときから高橋主任と渡辺君との関係がギクシャクするとともに，鈴木営業課長のチーム全体の雰囲気がギスギスしたものとなっていきました。

　鈴木営業課長は，仕事で顧客を訪問することが多く自身のチームに起きている変化に気付くことができなかったため，チームの雰囲気が改善されることはありませんでした。

　それからしばらく経って，鈴木営業課長は渡辺君から，「会社を辞めたい」と打ち明けられました。

初期の対応

　鈴木営業課長は，渡辺君からよく話を聞いてみると，渡辺君は本心から会社を辞めたいと考えているわけではなく，高橋主任の態度や言葉遣いが自分にだけ厳しいように感じ, 仕事がやりにくいと感じていることがわかりました。鈴木営業課長は，いわゆる「職場の人間関係」を理由とする退職なのかと思いましたが，せっかく10年もX社で働き続け，主任になることを期待されている渡辺君が退職するのは惜しいと考え，渡辺君とは日を改めて再度話し合うこととしました。

　そして，鈴木営業課長は，高橋主任や他の部下からも詳しく話を聞いたところ，①渡辺君は自身のミスを発端とする重大トラブルがあったことを相当気にしていること，②高橋主任は自分自身の仕事を処理し，さらに渡辺君の仕事を手伝っていることから，渡辺君の仕事の進め方が遅すぎることに不満を持っており，それが態度に出てしまっていること，③人手不足による忙しさなどからチームの雰囲気が悪くなっていることがわかりました。

鈴木営業課長のアドバイス

　鈴木営業課長は，部下から様々な話を聞き，自身のチームや部下に対するマネジメントが不足していたことを反省し，次のような方針でチームや部下と接することとしました。

- 客先への訪問等，外出中であっても，その合間に電話連絡をしてチームの状況を確認する。
- 職場にいるときは，なるべく部下の仕事の進捗や部下の体調などを確認できるようにコミュニケーションを図る。

　また，渡辺君に対しては，鈴木営業課長自らがなるべくフォローすることを約束し，高橋主任に過度に頼らないように伝えました。また，以前起こしたトラブルについては，その原因となった連絡ミスがなぜ起きたかをもう一

度考え直し，同じミスを繰り返さないために自身の仕事ぶりを見直すように指示しました。その上で，ミスの発生を防止するための二重三重のチェックが業務の停滞を招いている可能性があり，数少ないチェックでミスを防止できるように工夫して業務の効率を高めるようにアドバイスをしました。

　鈴木営業課長は，チームの人員不足が当分解消する見込みがないことから，チーム全体の業務を改めて見直すこととしました。上司である佐藤営業部長とも話し合って，営業部として絶対に達成しなければならない目標とその達成に必要な業務を整理し，最重要の業務に集中することなどを再確認しました。さらにチームとしての，生産性の向上をめざして部下の人材育成を進めていくこととしました。

このケースの みかた

● 少子化の進行といった社会情勢の変化などの様々な要因から，従来よりも少ない人数で業務を遂行することが求められることがあります。その場合，業務の遂行方法を効率化したり，１人ひとりが従来よりも多くの業務をこなせるように成長することが不可欠です。マネジャーは，チーム全体をマネジメントすべき立場から，チームやその業務の「現在の状況」と「本来あるべき姿・目標」との間のギャップやズレを常に意識し，その改善に努める姿勢が重要となります。

ここが ポイント！

　渡辺君が引き起こしたトラブルを発端に，鈴木営業課長のチームでは重大な問題が生じています。鈴木営業課長は，渡辺君からの相談をきっかけに部下とのコミュニケーションを図るようにしています。日常的な部下とのコミュニケーションは，マネジャーに求められる基本的な役割のひとつ

であり，常に心がける必要があります。

3分間 解説

　現代日本では，いわゆる少子化の進展といった様々な要因が重なって，部下の増加が望めないことがあります。会社の中には，仕事の量に比べて必要な人員を確保できていない「人員不足」に陥っているところもあるでしょう。

　チームに人員不足の状態が継続している場合，チーム内では部下がそれぞれの仕事に追われて余裕がなく，チーム内でのコミュニケーションが不足しがちとなり，結果としてチームの雰囲気が悪化することもあります。また，個々の業務に割ける時間が短くなるとミスも起きやすくなります。

　本ケースでは，鈴木営業課長のマネジメントが十分に機能していない中で，チームに様々な問題が発生し，本来は責任感が強く真面目な仕事ぶりであった渡辺君が「会社を辞めたい」と言い出す事態にまで発展しています。

　チームに必要な人員が不足している場合，マネジャー自身も業務に忙殺されていることが多く，チームや部下のマネジメントがおろそかになってしまうおそれがあります。しかし，マネジャーには，部下やチームに働きかけて，その能力を最大限に発揮させるという重大な使命があります。そのためにマネジャーは，部下との間で絶えずコミュニケーションをとり，部下のモチベーションを高めてその長所を生かし短所を補いながら，強みを発揮させる必要があるのです。

　また，人員不足が深刻化したチームにおいては，チームや部下が行っている業務を見直してみることも重要です。従前行ってきた業務を漫然と繰り返すのではなく，チームの目標達成にとって不可欠な重要業務と必ずしもそうではない業務を区別して廃止できる業務を取り止めることや，協力会社に外注できる業務については予算の許す範囲で外注することにより業

務量を減らすことも重要です。

さらに，部下を成長させることもマネジャーの重要な役割のひとつです。本来は，人員不足が深刻化する前から人材育成に取り組む必要がありますが，人員不足の状況にあっては，業務の生産性を高めるよう部下の成長を促すことが急務となります。

こちらもチェック！ 関連法令

・働き方改革

　少子高齢化が進展する現代日本においては，会社等で業務に従事する者の数が年々減少する傾向にあります。また，高齢化により働く世代が仕事と介護の両方を担うことも増え，マネジャーはそのような部下の事情にも配慮しなければなりません。このような背景を踏まえて，厚生労働省は「働き方改革」を推進しています。すなわち，日本が「少子高齢化に伴う生産年齢人口の減少」「育児や介護との両立など，働く方のニーズの多様化」といった状況に直面する中，「投資やイノベーションによる生産性向上とともに，就業機会の拡大や意欲・能力を存分に発揮できる環境を作ることが重要な課題」とし，この課題を解決するものとして「働き方改革」を位置付けています（厚生労働省 HP：https://www.mhlw.go.jp/stf/seisakunitsuite/bunya/0000148322. html）。

・働き方改革を推進するための関係法律の整備に関する法律

　「働き方改革」を推進するための法律として「働き方改革を推進するための関係法律の整備に関する法律」（働き方改革関連法）が成立し，2018年7月6日に公布されています。

　働き方改革関連法の内容は多岐に渡ります。同法の大きな柱は，以

下の通りです。マネジャーとしてその概要を把握しておくことが重要です。

Ⅰ　働き方改革の総合的かつ継続的な推進

Ⅱ　長時間労働の是正，多様で柔軟な働き方の実現等

　1　労働時間に関する制度の見直し（労働基準法，労働安全衛生法）

　2　勤務間インターバル制度の普及促進等（労働時間等設定改善法）

　3　産業医・産業保健機能の強化（労働安全衛生法等）

Ⅲ　雇用形態にかかわらない公正な待遇の確保

　1　不合理な待遇差を解消するための規定の整備（パートタイム労働法，労働契約法，労働者派遣法）

　2　労働者に対する待遇に関する説明義務の強化（パートタイム労働法，労働契約法，労働者派遣法）

　3　行政による履行確保措置および裁判外紛争解決手続（行政ADR）の整備

「働き方改革を推進するための関係法律の整備に関する法律（平成30年法律第71号）の概要」（https://www.mhlw.go.jp/content/000332869.pdf）より作成

2 部下に資料作成を指示するときには どのようなことに注意すべきか

分野： コミュニケーション　情報セキュリティ

ケース

　Y社は，残業時間の短縮を目的として，全社的に「業務効率の改善」を進めており，総務課が中心となって，Y社における業務効率改善推進活動を展開しています。中村総務課長は，同活動の推進委員であり，総務課として取り組むべきことを検討した結果，入社5年目までの従業員向けに業務効率化の基本に関する研修講座を開催することを企画しました。

　中村総務課長は，加藤君を研修講座の社内講師とすることとし，加藤君に研修講座用の資料作成を指示しました。加藤君は社内講師の経験はありませんでしたが，中村総務課長としては，加藤君にこの仕事をさせることで自らも業務効率の改善について学び成長することを期待していました。

　加藤君は，日常業務として多くの仕事を抱えていましたが，中村総務課長からの期待に応えなければならないと張り切っていました。加藤君は，忙しい日常業務の合間を縫ってしっかりとした研修用資料を作成しなければならない反面，残業時間短縮のために実施する業務効率改善研修の資料を作成するのに自らの残業時間を大幅に増やすことは良くないと考えました。加藤君は，なるべく効率的に資料作成を進めるために，業務効率改善のための市販の書籍を何冊か購入して読み込むとともに，インターネットで公開されている多くの業務効率改善をテーマとするWEBサイトを参考にすることとしました。

研 修 資 料

パソコンのモニター
（インターネット）

　加藤君は，効率的に研修資料の作成を進めた結果，予定されていた期日の
3日ほど前に資料を完成させ，中村総務課長に研修資料とそれに基づくセミ
ナーの流れについて確認をしてもらいました。中村総務課長は，加藤君から
概要説明を受け，大まかな内容や流れについて了承し，研修資料の内容を自
らが確認して必要な修正等を別途指示することにしました。

問題の発生

　中村総務課長は，加藤君が作成した研修資料を読んでいると，そこで使わ
れている図表の中に見覚えのあるものが多数あることに気付きました。中村
総務課長は，自らも業務効率改善の方法等を調べるため多くのWEBサイト
を見たり，そのテーマの書籍を何冊か読んだりしていました。加藤君が作成
した研修資料に使われている図表は，中村総務課長がよく見ているWEBサ
イトで公開されているものをそのまま使用していることがわかりました。不
安に思った中村総務課長は，加藤君の研修資料とWEBサイトを注意深く見
比べてみると，図表だけでなく，似たような文章が多数見受けられました。

　中村総務課長は，翌日，加藤君に研修資料を作成するに当たって他人の
WEBサイトなどからそのまま転載したことはないか確認しました。すると
加藤君は，資料作成の時間を短縮するために，既にWEBサイトで公開され
ている情報をそのまま転載したことを認めました。加藤君は，中村総務課長

にそのことを指摘されても特に悪びれる様子がなかったため，中村総務課長は，他人の創作した文章や図表を無断で利用することは著作権侵害という犯罪であることを説明しました。それを聞いた加藤君は，驚くとともに，自身のしたことの重大さに気付いて青ざめてしまいました。

問題への対応

中村総務課長は，加藤君の様子を見て，研修実施後に発覚しなかったことは不幸中の幸いであるとフォローし，急いで資料を作り直すように指示しました。資料の作り直しに当たっては，他人の文章や図表を参考にすることは差し支えないが，それをそのまま転載するのではなく，自身の工夫も踏まえつつすべて自ら考えた文章や図表としなければならないことを指導しました。加藤君はそのことをよく理解し，研修資料を再度作成することを約束しました。

このケースの みかた

- インターネットの普及により様々なコンテンツがインターネット上に公開されていますが，これらのコンテンツには，基本的に他者の著作権が認められています。これらのコンテンツを著作者や著作権者に無断で，自己のコンテンツとして流用することは，著作権侵害に該当することがあります。
- 他人のコンテンツを読んでその内容をよく理解し，理解した結果を自らの表現として改めて文章や図表を創作することは許されますが，コンテンツをそのまま利用することはもちろん，コンテンツを一部修正して流用することは，著作権侵害に当たる可能性が高いため注意が必要です。
- 他人の著作権を侵害すると，損害賠償などを請求されるだけでなく，懲役や罰金といった刑事責任を問われる可能性もあります。

❶加藤君は，インターネットのWEBサイトに公開されている業務効率改善のコンテンツをそのまま自身が作成している研修資料に使っています。これはそのコンテンツを作成した者に認められている著作権を侵害する行為です。

❷著作権侵害は，最悪の場合には，会社や直接の侵害者が刑事責任を問われることからすると，中村総務課長は，総務課として，Y社の全従業員に著作権を含む知的財産権の取扱いについて啓発を行う必要があると考えられます。

3分間 解説

　Y社の加藤君は，自社内で実施する研修の資料を作成するに当たって，他人がインターネット上のWEBサイトに公開している文章や図表を無断で使用しています。この行為は，中村総務課長が指摘するように，著作権侵害に当たります。

　文章やイラスト，写真などの創作物は，著作権法によって保護される「著作物」に当たります。

　言葉により表現された著作物は，著作権法上「言語の著作物」と呼ばれます。文書などに書かれている文章を無断でそのまま転載することが著作権侵害に当たります。さらに，文章に限らず，研修講座などで講師が話をした内容自体も著作物となります。例えば加藤君が，他社が実施してる業務効率改善セミナーを受講した場合に，講師が事前に許可していないのに講演内容の録音や録画をして，その内容を自ら使用する研修講座の資料にそのまま流用すると，著作権侵害となります。また，イラストや絵画，ものごとの関係などを図示した概念図や図表も著作物に該当します。

　著作権は，著作物のコピーをする権利である「複製権」や著作物の内容

を修正・改変する「翻案権」といった様々な権利の総称です。文章や図表に著作権を持つ者（「著作者」と呼ばれます）には，複製権や翻案権が認められる結果，他人が勝手にその著作物を自己の著作物としてそのまま転載したり修正をして利用したりすることはできません。

もっとも，他人の著作物を自分の著作物に「引用」することは認められています。自分の著作物の中で，他人の著作物に当たるコンテンツを適切に区別し，その「出典」を明示するなどの要件を充たせば，一定の範囲内において，他人の著作物を利用することが認められています。

他人の著作物を無断で利用し，その他人の著作権を侵害した場合には，損害賠償を請求されることがあるほか，懲役や罰金などの刑事責任が科されることがあります。

なお，このケースにおいて，加藤君が研修資料の内容として，引用の範囲を越えて他人の著作物を使用するには，事前に使用する著作物の著作者の許諾を得なければなりません。その際，著作者から使用するに当たっての条件（出典の明示等の使用に当たっての条件や使用料の支払い等）が示されるのが一般的ですので，その条件に従って，使用することになります。

また，引用する場合についても，実際には「引用」に該当する程度の利用か否かは判断が難しいため，後のトラブルを防止する観点から，著作者の許諾を得た上で他人の著作物の一部を利用することも行われています。

こちらもチェック！ 関連法令

・著作物

著作物とは，思想または感情を創作的に表現したものであって，文芸，学術，美術または音楽の範囲に属するものをいいます（著作権法2条1項1号）。インターネットに公開されている文章や図表は，それが創作的な表現であれば，著作権法によって保護される著作物に該

当し得ます。著作権法には，言語の著作物，音楽の著作物，美術の著作物，図形の著作物，映画の著作物といったように様々な著作物の例が規定されています（著作権法10条1項各号）。

・著作権

著作権は，複製権，上演権，公衆送信権等の様々な権利の総称ですが，著作者が有する具体的な権利については著作権法21条以下に定められています。例えば「複製権」は，著作権法21条で定められ，複製，印刷，写真，複写，録音，録画その他の方法により著作物を有形的に再製する権利です。

・引用

著作権法上，一定の条件を満たせば，「引用」により，例外的に他人の著作物を著作権者の許可がなくても利用することが認められています（著作権法32条）。引用とは，自分の文章等の表現物（コンテンツ）の中に，他人の著作物の一部を取り込むことです。引用を行う場合には，以下の事項を守って行う必要があります。

① 他人の著作物を引用する必要があること。
② 自分の著作物と他人の著作物（引用部分）とが区別されていること。
③ 自分の著作物と引用する著作物との主従関係が明確であること（自分の著作物が主であり引用部分が従であること）。
④ 引用した著作物の出所が明示されていること（著作権法48条）。
⑤ 改変しないこと。

3 体調不良を理由に遅刻・欠勤を繰り返す部下にどう対処すべきか

分野： コミュニケーション

ケース

　販売会社であるＺ社の営業部員である阿部さんは，この春に大学を卒業してＺ社に入社してきた新入社員です。阿部さんは明るく快活な性格であり，また理解力が高く仕事を覚えるのが早いことから先輩達から様々な業務上の知識やノウハウを吸収して目覚ましい成長を見せています。しかし，阿部さんは，週が明ける月曜日や祝日の翌日などに5分程度遅刻してくることがあり（その頻度は月に3～4回ほど），また2ヶ月に1回ほどではあるものの，特に休日を挟んだ金曜日や月曜日に体調不良を理由とする欠勤を繰り返しています。

初期対応

　山田営業課長は，このように遅刻と欠勤を繰り返す阿部さんにこれまで何度も遅刻をしてはならないと指導をしてきましたが，一向に遅刻が止むことはありません。何度か厳しい口調で叱ったこともありましたが，阿部さんはきつく叱られると極端に萎縮してしまう性格であり，必要な報告・連絡・相談も控えるようになってしまうため，かえって業務に支障を来してしまいました。そのため，口調を柔らかく優しい言葉で指導をするほかなく，遅刻が改まるに至っていません。

　また，体調不良を理由とする欠勤についても休日を挟んだ曜日に集中していることから，他の部下が「阿部さんはまた3連休だね」などと話している

どうして遅刻を
するのか!?

申し訳ありません…

山田営業課長　　　　阿部さん

のを耳にすることがあり，山田営業課長は，このような欠勤についても改め
させたいと考えています。

問題の解決に向けた取組み

　しかし，山田営業課長の再三の指導にもかかわらず阿部さんの遅刻や欠勤
が改まることはなかったため，同期入社の佐々木店舗運営課長にそれとなく
相談することにしました。佐々木店舗運営課長は，Z社が運営する店舗の支
援をする業務を行っていることから，部下の遅刻や欠勤について多くの相談
を受けてきています。そのため，山田営業課長は同期という気軽さもあり，
比較的よく相談に乗ってもらっています。

　山田営業課長から阿部さんの遅刻や欠勤について相談を受けた佐々木店舗
運営課長は，次のようにアドバイスをしました。

佐々木店舗運営課長のアドバイス

　体調不良が理由であれば，病気の兆候かもしれないので，まずは病院での
診察を勧めた方が良いでしょう。

阿部さんは，自身の遅刻や欠勤がチームとしての業務にどんな影響があるか，チーム全体としての業務をしっかりと理解できていない可能性があります。山田営業課長としては，阿部さんの遅刻や欠勤について叱る以前に，阿部さんがチームの中での自身の役割を過小評価していないかを改めて確認する必要があるでしょう。

　また，阿部さんが新入社員であることからすると，遅刻や欠勤をしない生活習慣ができていないことも考えられます。学生時代の延長のような生活を続けて業務に支障を来す新入社員は意外といるようです。生活習慣については部下のプライベートに踏み込むこととなりかねないため，その点について聞き出そうとするときは慎重さが求められます。阿部さんと年齢の近い信頼できる他の部下にそれとなく聞いてもらうという方法もあります。

　またプライベートがからむ話ですが，過度なストレスが遅刻や欠勤の原因となることもあるようです。なにか家庭やプライベートに問題を抱えていないかを確認しても良いかもしれません。

対応策

　山田営業課長は，佐々木店舗運営課長から話を聞き，阿部さんの業務上の役割については改めて指導することに加え，従来単調な作業などを中心にしていた阿部さんの業務のレベルを上げ，チームの中の阿部さんの重要性を高めていこうと考えました。また，阿部さんのプライベートについては，山田営業課長自身が聞き出すのはパワー・ハラスメント（個の侵害）とされるリスクが高いと感じたため，入社3年目であり阿部さんと同じ大学を卒業している部下に協力をお願いしようと考えました。

このケースの みかた

● 誰しも体調が優れずに仕事を休んだり遅刻をしたりすることはあります。体調不良にもかかわらず無理して出勤しようとする部下がいるときは，マネジャーとしてはむしろ休んでしっかり休養をするよう勧めることも

重要です。しかし，高い頻度でそれを繰り返す部下には体調管理の重要性や始業時間に仕事を始められるようにすることの大切さを指導する必要があります。

● 単に「遅刻はいけない」と繰り返しても態度を改めない場合には，その部下の業務に対する考え方を確認したり，必要に応じて仕事やプライベートでの悩みがストレスとなり，ストレス反応として遅刻や欠勤につながっていないかについて考えてみることも重要です。

ここが ポイント！

❶ 山田営業課長は，阿部さんに指導をしても効果がないと考えた際に，佐々木店舗運営課長に相談をし，その結果を自身のマネジメントに活かそうとしています。人のマネジメントは様々な事象が複雑にからみあい，ひとりでは解決が困難であることもあります。自身で工夫し行動しても効果が見込めないときは，誰かに相談をしてみるのも必要です。

❷ 体調不良を理由とする遅刻などが続く場合であっても，体調不良自体を真っ向から否定することは避けるべきです。むしろ体調不良がなにか病気の兆候ではないかと考えて病院での診察を勧めるなど，体調を気遣う態度が必要でしょう。そして，病気ではないと判明した後も遅刻などが続くようであれば，阿部さんの業務内容を見直したり，その原因となるようなストレス要因を抱えていないかなどをひとつずつ確認し，必要な対応をしていきます。

3分間 解説

　長年仕事をしていると，時には，本人やその家族が風邪をひいたこと等を理由に遅刻や欠勤をしなければならないこともあります。しかし，週に何度も遅刻をしたり，体調不良等を理由に月に何日か欠勤するようなことが続く場合には，マネジャーとして何らかの対応が求められます。体調は

本人にしかわかりづらいことであるとはいえ，体調不良を理由とする遅刻や欠勤が多い場合には，本人の仕事が停滞するだけでなく，チームの他のメンバーへの影響が懸念されます。例えば，欠勤した従業員の業務を他のメンバーが突然肩代わりしなければならなくなったり，また，チームの中にそのような者がいると，チーム全体の士気にも影響します。

単に「遅刻をしない」ことは常識であって，そのようなことをわざわざ説明しなければならないことに違和感を覚えるマネジャーもいることでしょう。しかし，遅刻や突然の欠勤を繰り返している者には，単に「遅刻や欠勤をしないのは当たり前である」と繰り返しても，改善が見られないことがあります。そのような場合には，遅刻がいけないことの理由をきちんと説明する必要があります。

体調不良を理由に遅刻・欠勤を繰り返す部下に対しては，たとえ本事例の阿部さんのように体調不良について虚偽の疑いがあるものであったとしても，体調不良自体を真っ向から否定し無理して出勤するよう指示することは適切ではありません。しかし，こうした事案を放置すれば，チームに悪影響を及ぼしかねず，職場秩序を乱す一因ともなり得るため，注意・指導が必要です。また，平素から適切な指導をしていなければ，必要なときに懲戒などの制裁を行うことが困難となります。

本事例で，阿部さんは，体調不良を理由に欠勤を繰り返していますが，虚偽の可能性が疑われるときは，医師の診断書を確認するなど，裏付けをとることも考えられます。そして，実際に病気が原因であることが判明した場合には，負担が軽度な業務に変更したり，残業をさせないなどの対応が必要になります。

ただし，どのような理由であっても，遅刻や欠勤等は，勤怠不良に該当すること，本人が欠勤する間，周囲のメンバーがその者の仕事をカバーし

ていることを自覚させることが重要です。また，就業規則で定められた所定労働時間は，労働者が使用者との間で労務を提供することを約束した時間です。これに反する行為があれば，労務提供義務違反となることも理解させる必要があります。

　業務が繁忙期にあり毎日遅くまで残業が続いているような場合には，遅刻や欠勤よりもそのような業務の進め方に問題がある可能性があります。
　また，自身の部下に，欠勤・遅刻・早退の増加，仕事上のミスや人間関係に関するトラブルの増加等の兆候が見られるようになった際には，注意が必要です。これらの兆候は，ストレス反応として現れている可能性があるからです。例えば，責任感が強く仕事熱心でどのような仕事でも完璧にこなさないと気が済まない者が，自らが抱えるストレスの原因となっている事象をマネジャーや上司に相談することができずに継続して過度なストレスにさらされ，心身に不調を来して遅刻や欠勤を繰り返すようになることは充分に考えられます。当人がストレスを自覚しておらず，例えば「最近よく眠れないのだが，きちんと寝れば調子が戻るはず」などと言い，よく眠れないこと自体が心身の不調を表していることに気づいていない場合があります。マネジャーとしては，よく本人の話に耳を傾けてどのような症状を自覚しているかを見極め，必要に応じて医師の診断を受けるようにアドバイスをするとよいでしょう。

こちらもチェック！ 関連法令

・懲戒処分
　注意・指導を与えても改善がみられない部下に対し，会社として懲戒処分を行うには，就業規則等で，遅刻・欠勤を繰り返す場合は懲戒の対象となる旨の定めがあることが前提となります。懲戒の種類とし

ては，戒告，けん責，減給，出勤停止，諭旨解雇，懲戒解雇などがあります。懲戒処分を行う場合は，まず軽い処分を行い，複数回の軽い処分から実施し，それにもかかわらず改善する見込みがなければ徐々に重い処分を行うという流れになります。

・解雇の要件

　懲戒処分のうち，解雇は最も重度の処分であり，労働者の生活に重大な影響を与えるため，労働基準法により，解雇の予告期間を30日とし，予告期間を設けない場合には30日分以上の平均賃金（予告手当）を支払わなければなりません（労働基準法20条）。

4 部下から育児休業を申し出られたら どうするか

ケース

精密部品の製造会社であるX社では，これまで社員が育児休業（育児・介護休業法上の育児休業，以下「育児休業」という）を取得したことはなく，女性社員は結婚や出産を機に自発的に退職してしまい，育児休業の取得を申請する社員はいませんでした。X社は，就業規則で育児休業に関する定めを設けており，また育児休業に関する内部規程も整備し，X社の労働者が社内のイントラネットを通じ，これらの規程内容をいつでも確認できるよう周知するための措置を講じています。しかし，多くの社員は，自分が育児休業を取得すると「チームの他のメンバーの負担が増える」などとしてその取得を躊躇し，結局は自発的に退職してしまうことが大半でした。

育児休業の申し出

高橋主任は，妻と5歳になる子がいますが，新たに子供を授かり間もなく出産予定日となっています。高橋主任は，子供が生まれたら妻の負担を軽減し，自身も子供との時間を多く持ちたいので育児休業を取得したいと考えています。また，育児休業の期間中も賃金の一定割合が支給されると考えており，これまでの賃金額からは少なくなるけれども，生まれたばかりの子となるべく長い期間一緒に過ごしたいので，1年程度は育児休業を取得したいと考えています。

高橋主任は，このような理解の下，鈴木営業課長に育児休業取得の相談を

1年も休まれると困るなあ。

育児休業を取りたいです。休業中に賃金はもらえますか?

相談

鈴木営業課長　　　　　高橋主任

しました。

　高橋主任としては，子供が生まれてから1年程度育児のための休暇を取得したいこと，その間に受けることができる給付金について確認したいことを鈴木営業課長に伝え，必要な手続について相談しました。

　一方で鈴木営業課長は，X社で育児休業を取得したという前例はなく，また，鈴木営業課長自身，育児休業に関するX社の規程について確認したことがなかったため，X社では育児休業は認められていないものと誤解していました。

育児休業の申し出に対する営業課長の回答

　鈴木営業課長は，この高橋主任からの育児休業取得の相談に対して，「高橋主任に1年も休まれては営業課の業務への支障が著しい。週に1日程度有給休暇を取得して子供との時間を過ごすようにしてはどうか。」と回答しました。高橋主任は，その場では，鈴木営業課長のこの回答に納得し「そのようにします」と答えました。しかし，高橋主任が帰宅して妻にその旨を話したところ「育児休業は法律によって定められている制度であり，企業は育児休業の申し出を拒んではならないはずよね。鈴木営業課長の回答は，実質的に育児休業の取得を拒否するもので，法律違反じゃないの。社内規則にはどの

ように定められているのか総務部に確認してみたら」と言われました。

総務部の対応

　高橋主任は，翌日出社をして，総務部に，鈴木営業課長との会話などを伝えながらＸ社の育児休業について確認したところ，Ｘ社では育児休業に関する内部規程が策定されており，その取得のための手続が定められていることを確認できました。高橋主任は，総務部から育児休業取得の手続や必要書類について書かれた書類を受け取り，育児休業申請の手続を始めました。

　一方，鈴木営業課長は，総務部に呼び出され，育児休業を会社は拒否することはできないことなどの説明を受け，高橋主任が育児休業の申請手続を進めていることを聞かされました。それを聞いた鈴木営業課長は，高橋主任が長期間不在になるのは営業課としては困るが，高橋主任には職場復帰した後もＸ社のためにいい仕事を続けてもらうことが大切であると考えました。

営業課の対応

　鈴木営業課長は，高橋主任と育児休業について話し，育児休業制度についての理解が不足していたことを謝罪し，子供との有意義な時間を過ごして欲しいと高橋主任に告げました。また，高橋主任がいない間の営業課の業務を調整することとしました。

このケースの みかた

- 育児・介護休業法上，申し出により本件育児休業をすることができるのは，本件育児休業開始の日から，原則として，子が１歳に達する日までです（最長で子が２歳になるまで育児休業が認められることがあります）。会社は育児休業に関する定めを就業規則等に盛り込まなければなりません。就業規則には休暇について定めることが求められているからです。

- マネジャーは，部下が育児休業の取得を申し出た場合には，その部下が行っていた業務をチーム内で調整するなどの対応が必要となります。育児休業を取得しようとしている部下が「チームに迷惑がかかる」などとしてその取得を躊躇し，結局退職に至るといった事態とならないよう，チームメンバーに育児休業の意義やその背景をしっかりと伝えることが重要です。

ここが ポイント！

❶ 鈴木営業課長は，高橋主任から育児休業についての相談を受けた際に，チームとしての業務の停滞を懸念して育児休業の取得を思いとどまるように高橋主任に告げています。しかし，育児・介護休業法に定める要件を備えた育児休業の申し出がなされた場合，会社はその申し出を拒絶することはできません。

❷ 高橋主任は，子が1歳になるまで育児休業を取得できますが，その子が1歳になる日において，保育所等への入所を希望しその申込みを行っているのに保育所等に入所できないといった事情がある場合には，高橋主任は，X社に申し出ることにより，最長でその子が2歳に達する日までの期間，育児休業をすることができます。

3分間 解説

　労働者がその養育する1歳に満たない子の育児をするために取得することができる育児休業は，育児・介護休業法によって定められています。以前は，仕事と子育ての両立が難しいと感じた女性労働者が退職して育児に専念することがありました。そして，子育てのために退職した女性は，育児が一段落して働きたいと考えても正社員として復職することは難しく，パートタイマーやアルバイトとして短時間労働をするほかないということがありました。雇用面や労働環境面で男女の平等・公正が強く意識される

ようになり，また，人口構成として少子化が進む現代日本社会では，働く意欲も能力もある女性労働者が育児のために職場を離れることがその女性労働者にとってデメリットであるだけでなく，企業にとってもデメリットであるとの認識が一般化してきています。つまり，雇用の安定的な継続は労働者本人にとっても雇用する会社にとっても重要であると考えられるようになっているのです。このように出産・育児を経ても自身のキャリアが維持できる体制が整えば，出産を前向きに考える女性が増え，少子化への歯止めとなることも期待されています。

　育児休業については，このような背景があることをまずは理解する必要があります。

　育児休業については，育児・介護休業法に定めがありますが，子を出産した女性は，育児・介護休業法による育児休業だけでなく，労働基準法上の産後休業も認められています。産後休業は，産後8週間の休業です。したがって，女性の場合は産後休業が終了した後から育児休業を取得することができます。これに対して男性は，子が産まれた日から育児休業を取得することができます。

　育児・介護休業法に定められている「育児休業」とは，同法で定めている要件を満たす労働者が子を養育するためにする休業です。ここでの「子」は実子だけでなく養子も含まれます。育児休業は，育児・介護休業法で定めている要件を満たす労働者であれば，父親，母親のいずれであっても取得することができます。

　そして，育児休業を申し出ることができるのは，原則として子が出生した日から子が1歳に達する日（誕生日の前日）までの間の期間です。ただし，子が1歳になる時において，保育所（認可保育園等）に入所できないといった事情など一定の場合に該当するときは，最長で子が2歳になるまで育児休業の申し出をすることができます。

　なお，育児休業を取得した労働者に対して賃金の支払義務はありません。

・育児休業に関する規定の就業規則への記載

就業規則は，労働者の就業上遵守すべき規律や労働条件などを定めた規則であり，使用者が一方的に作成する権限を有します。労働基準法上，就業規則に定めなければならない事項の１つとして，「休暇」があります。ここでいう「休暇」は，労働基準法により保証された年次有給休暇や産前産後休業のほか，本事例のテーマである育児・介護休業法に基づく育児休業・介護休業も該当します。会社は，これらの休暇に関し，手続や期間，労働条件等について就業規則に記載しなければなりません（労働基準法89条）。

・就業規則の労働者への周知

会社は，就業規則を労働者に周知しなければなりません（労働基準法106条）。周知の方法として，ⅰ）各作業場の見やすい場所へ掲示したり備え付けたりする，ⅱ）労働者に書面を交付する，ⅲ）労働者がパソコンなど機器を用いていつでも内容を確認できるようにする，などが挙げられます。本事例のＸ社では，労働者が社内のイントラネットを通じ，これらの規程内容をいつでも確認できるよう周知措置を講じていますので，この労働基準法上の義務を遵守していると考えられます。鈴木営業課長は，育児休業に関するＸ社の規程について知りませんでしたが，チームのメンバーを率いる立場の営業課長として就業規則の内容は，しっかりと理解しておくべきです。

・育児休業期間中に受けられる給付

育児休業期間中は，育児休業を取得する労働者の生活保障の観点から，雇用保険法に基づき，育児休業給付を受けることができます（雇

用保険法61条の4）。

　育児休業給付は，労働者が育児休業を取得し，休業している期間，会社からの賃金が支給されない場合や一定以上減額される場合，所定の計算方法で算出された額が支給されます。

　労働者が育児休業給付を受けるためには，雇用保険法に定める要件を満たす必要があります。

C A S E

5 部下から介護休業を申し出られたら どうするか

分野： 職場のリスク

ケース

　Y社製造部の山本課長は，新着メールを確認したところ，石井さんから「家族のことで相談があるため終業後に時間をとってほしい」というメールが送られているのを見つけました。石井さんは，普段は，なにか相談しなければならないことがあると，直接山本課長に口頭で相談を持ちかけることが多いです。しかし今回はメールで相談がきたことから，山本課長は，石井さんが誰にも聞かれたくない悩みを抱えているものと考え，メールを返信し，業務時間終了後に社外で相談を受ける日時を調整し，その約束をしました。

問題の発生

　約束の日の夜，山本課長は，石井さんに相談内容について聞いてみると，石井さんから次のような相談がなされました。

> 　わたしには今年80歳になる父親がおり，実家で独り暮らしをしています。母親は病気で10年ほど前に亡くなっており，ほかに兄妹もいないために，毎週末にはわたしが実家に行って父親の面倒を見てきました。
> 　数ヶ月前から，父親との会話の中で，父親の話す内容がこちらの話とかみ合わないことが多くなってきたため，病院で検査を受けたところ，認知症と診断されました。最近は，日常生活にも支障が出るようになっています。
> 　介護施設を利用することも考えましたが，父親の年金では十分な介護サービスを受けることが困難だとわかりました。

そこで，父親を自宅に引き取って実家を処分したり，父親の面倒を見るための準備をしたいので，しばらく会社を休ませて欲しいと考えています。

　山本課長は，石井さんの相談を受け，自身の両親のことを思い出しつつ，このような問題はチームのすべてのメンバーに共通して起こり得ることだと感じました。

　もっとも，石井さんは，山本課長のチームにとって必要不可欠と言えるほど重要な業務を担当しています。山本課長は，石井さんが長期間にわたり継続して休業するのは困ると考えています。山本課長は，石井さんの申し出に対して，直ちに回答することができませんでした。その日は，介護の苦労をねぎらうとともに，会社としてできることを調べるため少し時間が欲しいとのみ告げて石井さんと別れました。

対応

　その翌日，山本課長は，中村総務課長に石井さんの件を相談しました。そ

就業規則に介護休業の手続や条件を
定め就業規則を全従業員に周知
しかし，取得されていない現状

介護休業を取得しやすくなるように
環境を整備・改善していきましょう！

話し合い

山本製造部課長　　　　　　　　中村総務課長

38

の際に中村総務課長から聞かされた話は次の通りです。

> 育児・介護休業法に，介護休業の制度が定められています。Ｙ社の就業規則にも，介護休業について取得のための手続や条件が定められており，この就業規則を全従業員に配付して周知していますが，Ｙ社ではまだ介護休業制度を利用した者はいません。また，マネジャーの中には「制度はあっても実際上はそのように長期にわたって仕事を休むことなど認めるわけにはいかない」などと考える者がいるため，介護休業を取得しにくいといった状況があるのが現状です。

山本課長と中村総務課長は，高齢化社会が進む中で，介護のために仕事を辞めてしまう従業員が出てくることが予想されること，人手不足の中で業務を熟知する従業員が減ったとしても優秀な人材を中途入社させるなどで補充することは困難であることなどについて意見を交換しました。そして，山本課長と中村総務課長は，石井さんのケースをきっかけに，Ｙ社として，介護休業を取得しにくい環境を改善し，従業員が介護休業を取得しやすくするとともに，各課のマネジャーに周知して，従業員が気兼ねして介護休業取得を断念することのない環境を整備する必要性を説く必要があると考えるに至り，この実現のために努力することを約束しました。

山本課長は，中村総務課長との話し合いの結果を受けて，石井さんに介護休業・介護休暇制度について説明し，その利用を勧めることとしました。

このケースの みかた

- 高齢化社会が進む中で，要介護状態にある家族を持つ従業員が出てくることが予想されます。場合によっては，そのために退職せざるを得ない者が出てくるおそれもあります。
- 会社としては，少子化により優秀な人材を採用することが困難であるという事情もあります。そこで，人材流出を抑制するという観点からも，

介護休業・介護休暇制度の利用を促すなどにより要介護状態にある家族を持つ従業員に介護休業・介護休暇の取得を促すことが求められます。

❶山本課長は，普段直接話をしに来る石井さんがメールで山本課長に連絡をしてきたことに何か理由があると感じて，石井さんとの連絡を他の部下に知られないように進めています。どのような相談内容かわからない間は，「相談したいことがある」ということ自体を他の者に知られたくないと考える者もいることを念頭に対応すると良いでしょう。

❷Y社は，育児・介護休業法の定めに従って，就業規則に定めるとともに，全従業員への配付によって周知を行っていますが，実際には介護休業・介護休暇を取得しにくい状況にあります。しかし，育児・介護休業法では，介護休業の申請があった場合には会社はそれを拒むことはできず，それを理由に不利益な取扱いをしてはならないと定められています。

3分間 解説

要介護状態にある父母や配偶者，子など一定の家族（対象家族）の介護の必要に迫られている従業員等のために，介護休暇および介護休業制度が用意されています。要介護状態とは，身体上・精神上の障がいや病気などによって，2週間以上の期間にわたって常時介護が必要な状態をいいます。

介護休暇は，家族の介護が必要な際に，対象家族1人につき1つの年度で5労働日まで（要介護状態にある対象家族が2人以上いる場合は，10労働日）を限度として，その世話を行うために取得することのできる休暇です。介護休暇は，1日または半日単位での取得することができます。

介護休暇は，育児・介護休業法で定めている要件を満たす労働者が取得することができます。

介護休暇を取得した際に賃金の一部を支払う企業もありますが，法的に

は賃金を支払う義務は定められていません。

　部下から介護休暇の申請を受ける場合には，以下の内容が記載された書類を受け取るようにします。

> - 介護休暇を取得しようとする労働者の氏名
> - 対象家族の氏名や続柄
> - 介護休暇を取得する年月日
> - 対象家族が要介護状態にあることを示す事実

　介護休業も要介護状態にある対象家族の介護のために取得できるという点で介護休暇制度と同様ですが，取得可能な日数が異なります。介護休暇は1つの年度に5日までであるのに対して，介護休業は同一の対象家族につき3回を上限として，通算93日まで取得することが可能です。

　このように介護休業は，介護休暇よりも長期間にわたって介護をすることができます。

　介護休業は，介護休暇と同様，対象家族が要介護状態である必要があります。介護休業は，育児・介護休業法で定めている要件を満たす労働者が取得することができます。

　また，介護休業を取得した労働者に対して，賃金の支払義務はありません。

こちらもチェック！ 関連法令

・所定外労働の制限

　会社は，要介護状態にある対象家族を介護する一定の労働者が，当該対象家族を介護するために請求した場合においては，事業の正常な運営を妨げる場合を除き，所定労働時間を超えて労働させてはなりません（育児・介護休業法16条の9）。

・時間外労働の制限

会社は，三六協定による時間外労働をさせる場合において，要介護状態にある対象家族を介護する一定の労働者が，当該対象家族を介護するために請求したときは，事業の正常な運営を妨げる場合を除き，1ヶ月について24時間，1年について150時間を超えて時間外労働をさせてはなりません（育児・介護休業法18条）。

・深夜業の制限

会社は，要介護状態にある対象家族を介護する一定の労働者が，当該対象家族を介護するために請求したときは，事業の正常な運営を妨げる場合を除き，午後10時から午前5時までの間（深夜）において労働させてはなりません（育児・介護休業法20条）。

・介護のための所定労働時間の短縮等の措置

会社は，その雇用する一定の労働者のうち，その要介護状態にある対象家族を介護する労働者であって介護休業をしていないものに関して，労働者の申出に基づく連続する3年の期間以上の期間における所定労働時間の短縮その他の当該労働者が就業しつつその要介護状態にある対象家族を介護することを容易にするための措置を講じなければなりません（育児・介護休業法23条3項）。

・育児休業期間中に受けられる給付

介護休業期間中は，会社は，労働者に賃金を支払う義務はありません。そこで，介護休業を取得する労働者の生活保障の観点から，雇用保険法に基づき，介護休業給付を受けることができます（雇用保険法61条の6）。

介護休業給付は，労働者が介護休業を取得し，休業している期間，

会社からの賃金が支給されない場合や一定以上減額される場合，所定の計算方法で算出された額が支給されます。

　労働者が介護休業給付を受けるためには，雇用保険法に定める要件を満たす必要があります。

6 個人情報が流出したときに どうすべきか

分野： 情報セキュリティ

ケース

　Z社は，期間限定キャンペーンとして，自店舗で商品を購入した顧客に向けてアンケートを実施し，アンケートに回答してくれた顧客に抽選で景品をプレゼントすることとしました。アンケート用紙には，景品の発送に必要であることから，回答者の住所，氏名等を記載するようになっています。Z社は，アンケートの回答内容の集計と整理を情報管理会社に委託し，完成したデータを受領しました。

問題の発覚

　Z社の山田営業課長は，部下から携帯電話で次のような報告を受けました。

　「大変です。盗難事件が発生しました。昨日，営業部の担当者が，あまりにも暑くてガマンできず，客先に行く前にサウナに立ち寄り，そこでロッカーに入れていた鞄が盗まれたとのことです。鞄の中には，キャンペーンで収集した回答者のデータ（約400人分の個人名，住所，電話番号等）を含む，アンケートの集計データを保存したUSBメモリが入っていたとのことです。そのほかに，その担当者の名刺約50枚，現金約3万円も盗難されています。」

初期対応

　山田営業課長は，すぐに警察に連絡をして被害届提出の手配をするとともに，盗難に遭った回答者データに該当する顧客から照会等はなされているかを調

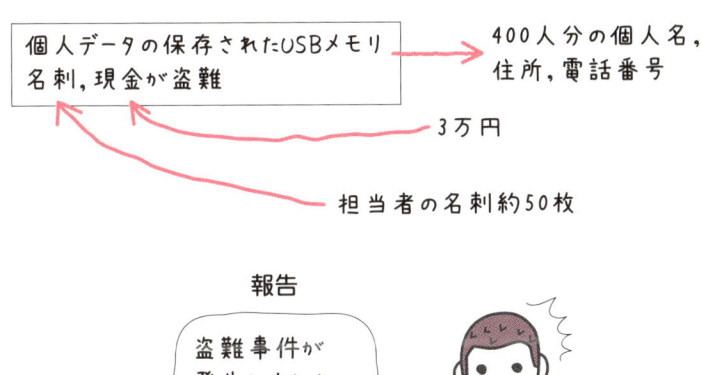

個人データの保存されたUSBメモリ
名刺，現金が盗難

400人分の個人名，
住所，電話番号

3万円

担当者の名刺約50枚

報告

盗難事件が
発生しました。

山田営業課長

査し，まだ連絡はないことが確認されました。山田営業課長は，もし顧客からなんらかの連絡や問い合わせが来たときには確認中であることを告げるよう部下に指示をしました。

　部下の中には，「当社は盗難事件の被害を受けた被害者であって，警察には被害届を提出することとしているのだから，当社として他に対応すべきことはないのではないか。」という者もいました。そのため，山田営業課長は，急遽ミーティングを開いてすべての部下を集め，本件は個人情報漏えい事件として会社全体として取り組まなければならない問題であること，当社はアンケートの回答者から預かった個人情報を漏えいさせてしまったことの責任があることを部下に伝えました。

　また，山田営業課長は，上司である小林営業部長に現状の報告をし，営業部長から社長に第一報を入れてもらうこととしました。

事後対応

　山田営業課長は，小林営業部長との打ち合わせを経て，今回の漏えい事件による被害拡大や二次被害の発生を防止するために，本件漏えい事件の概要を公表する方向で関係各部署と調整をすることとなりました。併せて，回答者本人に直接連絡をとり，個人情報が漏えいした旨をまずは伝えるように営業課員に指示しました。

　本件について，Z社として取り組むこととなった措置は以下の通りです。

- Z社ホームページにて情報漏えいについて公表する
- 個人情報保護委員会に報告をする
- 事実関係の確認と再発防止策の検討

　ホームページでのニュースリリースについてはZ社広報部が担当することとし，個人情報保護委員会への報告および事実関係の確認ならびに再発防止策については総務部が担当することとなりました。

このケースの みかた

- 個人情報漏えいに関しては，たとえそれが盗難によって生じたものであっても，個人情報によって特定される顧客本人との関係では漏えいした企業は加害者となります。漏えいした個人情報によってその顧客本人がなんらかの被害を受けることのないように，ニュースリリースや個別の通知によって個人情報の漏えい事件が発生したことを告げるなどの対応が必要となります。

- 個人情報を集計し，検索して使用できるように作られたデータベース等を構成する個人情報は「個人データ」と呼ばれ，個人データの漏えいや紛失事件が起こったときは個人情報保護委員会に報告するものとされています。これは二次被害の防止や類似事案の発生防止等の観点から企業

に求められている措置です。

❶営業担当者は，業務時間の途中に，400人分もの個人データをもってサウナに立ち寄り盗難に遭っています。盗難被害に遭ったことは災難ですが，そもそもそのような行動に問題があることは明らかです。

❷山田営業課長が，部下に個人情報の重要性や漏えいした際に必要な対応について指導したことは重要です。営業担当者が個人データを持っていながらサウナに立ち寄るなどの行動をしているのは，山田営業課長のチーム内に個人情報の重要性についての認識が不十分であったことに遠因があるとも考えられます。

3分間 解説

　Z社に起きた本件事例においては，Z社の営業課員が過失により顧客情報を流出させています。顧客情報流出からそれほど日が経っておらず，Z社は，未だ顧客本人から自己の個人情報流出に関する問い合わせを受けていません。しかし，もしそのような問い合わせがあった場合には，まず連絡に対する謝意を伝え，その上で，情報漏えいの事実確認の状況や今後の対応を説明しつつ，必要に応じて謝罪の意思を表明します。

　ホームページに，顧客情報の漏えいについて公表し，事実関係の調査の状況を説明するようにします。

　顧客情報の漏えいに関する苦情が顧客から相次いで寄せられるようになった場合，SNSで炎上したり，報道機関に当該情報が伝わったりするまでさして時間は掛かりません。

　個人情報保護法の施行・改正等により，個人情報の漏えいに関する社会の関心は高まっており，企業において情報漏えいが発生した場合には，即

座に報道されたり，SNSで公表されたりします。そのため，初期対応として，ニュースリリースを準備しておくことが必要です。

こちらもチェック！ 関連法令

・個人情報とは

　事業において個人情報を取り扱う事業者は，原則として，「個人情報取扱事業者」に該当します。個人情報保護法上，「個人情報」とは，生存する個人に関する情報であって，その情報に含まれる氏名や生年月日等により特定の個人を識別することができるもの，または個人識別符号が含まれるものをいいます（個人情報保護法2条1項）。

・個人情報取扱事業者の義務

　個人情報取扱事業者は，個人情報保護法に基づき様々な義務を負っています。例えば，Z社は，アンケートの回答内容の集計と整理を情報管理会社に委託していますが，この場合，委託先で安全管理が図られるよう，必要かつ適切な監督を行う義務を負います（個人情報保護法22条）。

　本ケースでは，Z社営業部の営業担当者が個人情報を含むデータを保存したUSBメモリを盗まれていますが，個人情報取扱事業者は，その従業者に個人データを取り扱わせるに当たっては，その個人データの安全管理が図られるよう，従業者に対して必要かつ適切な監督を行う義務を負います（個人情報保護法21条）。

・個人情報保護法に違反した場合に受ける措置

　個人情報取扱事業者は，個人情報保護法上の義務に違反した場合，個人情報保護委員会から，報告を求められたり，立入検査を受けたり，

指導や助言を受けたりするおそれがあります（個人情報保護法40条・41条）。そして，必要に応じて，個人情報保護委員会から必要な措置をとるよう勧告を受けることがあり，これに従わないと必要な措置をとるよう命令を受けることがあります（個人情報保護法42条）。個人情報を漏えいしたことのみを理由として刑罰を科されることはありませんが，この個人情報保護委員会の命令に違反した場合，6ヶ月以下の懲役または30万円以下の罰金に処されます（個人情報保護法84条）。企業の社長や従業員が，その業務に関し違反行為をしたときは，企業に30万円以下の罰金が科されます（個人情報保護法87条1項）。

7 協力会社からの物品の受領を引き延ばすとどうなるか

分野： 業務のリスク

ケース

　Y社は，自社で開発している新商品に使用する部品の製造をX社に依頼することとなり，Y社の山本製造部課長からX社の鈴木営業課長にその旨が打診されました。Y社とX社との開発チームが数度の打ち合わせを経てX社が製造すべき部品の仕様が固まるとともに，その製造数量と製造委託料，納期等が決定しました。

問題の発生

　X社では，Y社との間で合意した仕様・数量の部品を製造しました。X社の高橋主任は，Y社との契約で定められた納入期日（10月30日）の午前中に，完成した部品をX社の社用車に積み，Y社が指定した倉庫にその部品を搬送しました。高橋主任が倉庫に到着すると，Y社の山本製造部課長が待っていました。

山本製造部課長　部品の納品をありがとうございます。弊社からお客様に納入する予定であった商品在庫がこの倉庫内に滞留しており，今日は，持ってきていただいた部品を引き取って保管することができない状況です。商品在庫は昨日までにお客様に発送する予定だったのですが，お客様から，急遽，発送を1週間遅らせて欲しいとの連絡があったのです。2週間後であれば倉庫に空きができるので，申し訳ないけれども今日はいったん

倉庫

倉庫がいっぱいなので
2週間後に再度納品を

高橋主任　　　　　山本製造部課長

引き取っていただき，2週間後にもう一度納品してもらえないでしょうか。

高橋主任　それは困りました。弊社も他の案件で製造した製品が山積みで持って帰っても保管する場所がかなり手狭になっています。何とか場所を確保するようにしますが，2週間後には必ず引き取っていただかないと困ります。

山本製造部課長　ご迷惑をおかけし申し訳ありません。2週間後であれば必ず引き取りますのでよろしくお願いします。

初期対応

　高橋主任は仕方なくＸ社で製造した部品を自社の倉庫に戻し，Ｙ社の山本製造部課長の話を鈴木営業課長に報告しました。Ｘ社とＹ社との間の製造委託契約では，委託料の支払時期は「納品した日の属する月の翌月末」と定められており，2週間後に納品するとなると納品が翌月になり，委託料の支払いも繰り延べになるのではないかとの疑問が生じました。鈴木営業課長としては，今回の製造委託料を10月の売上に計上し，その入金を11月と見込んでいました。そこで，鈴木営業課長からＹ社の山本製造部課長に電話をし，

その点を確認したところ，支払いも繰り延べにして欲しいと言われました。

　鈴木営業課長は，上司である佐藤営業部長に本件の報告をしました。鈴木営業課長は，Ｘ社には何らの落ち度がなく，Ｙ社の都合により一方的に部品の引き取りを拒否された挙げ句に支払期日も１ヶ月延期させられるのは納得がいかないと佐藤営業部長に伝えました。佐藤営業部長も同じ思いではありますが，Ｙ社はＸ社にとって重要顧客であり，多くの仕事を得ていることから関係をこじらせたくなく，今回は山本製造部課長の言う通りにせざるを得ないだろうということとなりました。

事後の対応

　鈴木営業課長からＸ社としての本件の対応を聞いた高橋主任は，鈴木営業課長に次のような提案をしました。

　「Ｙ社が重要顧客であることはよく理解していますが，今回の件はＹ社が一方的に約束を破ったのであり，黙ってそれに従うだけでは納得できません。今回はもう仕方ありませんが，このようなことが今後も続くようですと困ります。契約で定めた代金の支払いを一方的に延期したり，製品の引き取りを拒絶することを禁じている法律があると聞いたことがあります。Ｙ社が何らかの法律違反をしているのであれば，当社だけではなくＹ社にとっても良くないことになるおそれがあります。この点を鈴木営業課長から山本製造部課長に伝えて話し合ってもらった方が良いのではないでしょうか。」

　鈴木営業課長は，高橋主任の話を聞き感心するとともに，総務部に本件に関係する法律について照会した上で，Ｙ社の山本製造部課長と話合いをすることとしました。

このケースの　みかた

- 一定の条件を満たす製造委託には下請代金支払遅延等防止法（下請法）

が適用され，所定の禁止事項が同法により定められています。その禁止事項に該当する行為があると，公正取引委員会から処分を受けたり，刑罰が科されることがあります。

- 下請法の適用のある取引が行われた場合，委託を受けて製造した物品に不具合があるなど，製造業者に責任がないのに，製造を委託した事業者がその引き取りを拒絶してはなりません。

ここが ポイント！

❶ X社にとってY社は重要顧客であり，X社としてはY社からの要望に対して強い主張をすることができないという事情があるのは理解できます。しかし，その要望が法律に反することである場合，安易にそれに応じることは，最終的にはY社に不利益になることともなりかねません。コンプライアンス（法令遵守）は，ビジネスの基本であることを忘れてはなりません。

❷ 高橋主任は，本ケースのY社の行為が何らかの法令違反ではないかという指摘をし，それがY社のリスクでもあることから，鈴木営業課長にY社の山本製造部課長と話し合うように提案しています。鈴木営業課長も，部下である高橋主任の話をよく聞き，その提案に同意をして実際に総務部に照会するなどのアクションを起こしています。鈴木営業課長は，部下からの提案や相談に真摯に耳を傾け，良い意見であると考えればすぐにそれを取り入れて行動に移した点は評価できます。

3分間 解説

　X社は，Y社との契約で定められた期日に，Y社が指定した倉庫に部品を納品していますが，Y社は，倉庫に置き場所がないという理由で受け取りを拒否しています。このような行為について，X社の高橋主任が「禁じている法律がある」と指摘していますが，具体的には下請代金支払遅延等

防止法（下請法）によって禁止される行為に該当し得ます。

　もっとも，下請法は，あらゆる製造委託等に適用があるわけではありません。下請法は，①当事者の資本金の多寡と②取引の内容という2つの側面で適用されるか否かが決まります。①の資本金区分は，②の取引内容によって基準が異なりますが，物品の製造委託のケースでは，以下のように区分されます。

親事業者		下請事業者
3億円を超える額	→	3億円以下
1,000万円を超え3億円以下	→	1,000万円以下

　本ケースにおけるY社は，物品の製造を委託する側であり，その資本金が5億円ですので下請法上の「親事業者」に該当し，物品の製造を受託する側であるX社はその資本金が1億5,000万円ですから下請法上の「下請事業者」に該当します。

　②取引内容について，下請法の適用があるのは，製造委託・修理委託・情報成果物作成委託・役務提供委託の4類型です。

　下請法が適用される取引において，親事業者がしてはならないとされている禁止事項は，下請法4条に詳細な規定があります。本ケースに関連する禁止事項は，「受領拒否の禁止」です。

　受領拒否の禁止は，下請事業者の責めに帰すべき理由（製品の不具合等の下請事業者に落ち度がある場合）がないのに，親事業者が下請事業者の給付の受領を拒むことが禁止されるというものです。本ケースにおいて，X社が納品した部品に不具合などはなく，約定の期日・場所に高橋主任が納品したにもかかわらず，Y社は自社倉庫に空きがないという理由で受け取りを拒んでおり，受領拒否の禁止に該当します。

下請法違反行為を行う親事業者に対しては，公正取引委員会が，当該行為をやめるべきことその他必要な措置（原状回復や再発防止措置など）を勧告します。

こちらもチェック！ 関連法令

・親事業者による支払遅延の禁止

　親事業者は，下請代金をその支払期の経過後なお支払わないことを禁止されています（下請法4条1項2号）。Y社は，X社の給付を受領した日から起算して，60日以内の期日において，かつ，できる限り短い期間内において，下請代金の支払期日を定めなければなりません（下請法2条の2第1項）。

8　経験豊富な従業員が重大なミスを起こしたときどうするか

分野：　コミュニケーション　業務のリスク

ケース

　Z社が運営する店舗甲は，郊外に位置する大型店であり，多くの種類の商品を数多く取り扱っています。Z社の従業員の多くは長期にわたって同じ業務に従事している経験豊富な従業員であり，異動もほとんどないことから，少人数の従業員で十分業務を賄えています。

　店舗甲では，松本店長がその全体を管理しており，取扱商品の大まかな種類ごとに担当従業員を配置し，担当従業員は取扱商品の在庫管理や発注を行っています。店舗甲で働く木村君は，比較的高額な商品の担当を長年任されており，必要な仕事をそつなくこなすことで松本店長や他の従業員の信頼も厚く皆に慕われています。

　ボーナス商戦を控えた5月下旬に，木村君は，大量に仕入れた商品が商品搬入口に到着したとの知らせを受けて，搬入口から倉庫に商品を運び入れました。木村君は，その日は偶然にも多くの業務が滞っており，商品を倉庫に保管する作業をした後にもしなければならない仕事が多く残っており，焦っていました。

　木村君は，時間がないことから，倉庫保管時の作業マニュアルに定められている手順の一部を省略して作業を行い，時間の短縮を図りました。木村君は，これまでもそのような手順の省略をすることがありましたが，特に問題は生

時間の短縮のために
手順を省略 ⟶ 倉庫から高額商品が
多数落下 ⟶ 多額の損害

木村君

じていませんでした。そのため，時間がないときには，同様の手順の省略を行ってきました。実際，それらの在庫商品が長期間倉庫に保管されることはなく，比較的短期間のうちに売り場に出されることが多いことから，問題が生じることはないと木村君は考えていました。

問題の発生

　その数日後，店舗甲の所在する地域で地震が発生しました。それほど大きな地震ではなかったため，建物や店舗甲の来店客，従業員に被害はなく，すぐに通常の営業に戻りました。

　松本店長は，店舗内の各社員にすべての売り場で，被害が発生していないか，また転倒などをして怪我をしている来店客がいないかを確認させました。その結果，来店客に怪我人はなく，商品棚に陳列している商品にも被害はないことが確認されました。次に松本店長は，店舗のバックヤードを確認するため自ら搬入口と倉庫およびそれらを結ぶ廊下などを確認しに行ったところ，倉庫内の一部の棚から在庫商品が落下し散乱しているのを発見しました。倉庫から落下した商品はいずれも高額な商品で，その多くが商品として販売することができない状態になっていました。そのため，店舗としての被害は相当な額に上ることが予想されました。

初期対応

　松本店長は，その棚の担当者である木村君を倉庫に呼び状況を確認させるとともに，壊れた在庫商品の廃棄と販売可能な商品の整理を指示しました。

　木村君は，倒壊した在庫商品の数の多さを見て予想される損害の大きさを想像し，みるみる顔色が悪くなり青ざめていきました。木村君の様子を見ていた松本店長は，「担当する商品が地震のためにダメになってしまったのは非常に残念だが仕方がない。損失は大きいが，これから取り戻していこう」と声をかけました。それを聞いた木村君はますます青ざめた顔をしながら松本店長に，商品を倉庫の棚に保管する際に，マニュアルにある必要な手順を省略したこと，それが今回の地震と相まって今回の在庫商品の損失につながったと考えられることを伝えました。松本店長はそれを聞いて驚きましたが，すぐに落ち着いた様子で，今はとにかく売り場に出せる商品を確保し，足りない商品については追加発注をするとともに，販売できない商品の整理をすることが急務であることを告げ，不適切な保管方法をした点については，改めてきちんと話を聞かせてもらうこととしました。

事後対応

　後日，松本店長は，木村君から聞き取った内容を報告書にまとめ，店舗運営課長である佐々木店舗運営課長に報告しました。

　佐々木店舗運営課長は，松本店長に，木村君のしたことは，作業マニュアルの不遵守であり，一定の処分は避けられないが，長年同じ業務を続けていると慣れが生じて必要な手順を省略してしまい，事故が起こることは店長として常に意識をしておくべきであることを説明しました。作業マニュアルの手順は，一見すると無駄に思えるものがあるかもしれないが，必ず意味のあることであるから，店長はそのマニュアルがきちんと守られているかを定期的にチェックし従業員に必要な指導をする必要があることを指摘しました。

このケースの みかた

- 業務が多忙となると，業務マニュアルに定められている手順を省略して時間を短縮しようと考えてしまいがちです。業務マニュアルの各手順の意味が充分に周知されていない場合であればなおさらです。
- 業務に充分習熟し経験豊富な従業員の中には，業務マニュアルの記載事項を記憶しており，逐一業務マニュアルを確認しない者もいることでしょう。無意識のうちに業務マニュアルとは異なる独自の方法で業務を進めたりすることもあるため，定期的に業務の進め方が業務マニュアルに沿っているかを確認することが重要です。

ここが ポイント！

❶ 木村君は自己の業務に習熟したベテランであり，自らのやり方でこれまで何ら問題が生じていないことから，業務マニュアルと異なる方法に問題はないと認識していました。しかし，本ケースでは，地震の発生も相まって，手順の省略が原因でＺ社に多大な損失を生じさせてしまっています。

❷ 松本店長としては，このような業務マニュアルを守らず独自の方法によって業務を進めている者が木村君のほかにもいるのではないかと考えて，店舗全体でそのようなことが行われていないかを確認することがまずは重要です。

❸ さらに，定期的な研修や会議を設けて業務マニュアルの内容をより深く理解してもらうような取り組みも必要でしょう。

3分間 解説

　部署に配属されたばかりの人が業務に不慣れなためにミスをすることは容易に予想することができます。しかし，ミスは，業務に不慣れな状況で

のみ起きるのではありません。固定した同じメンバーで同じ業務を継続している場合であっても，ときに重大なミスが起きることがあることに注意が必要です。業務への慣れが生じると，思い込みや無意識による怠惰の心理が働き，本来実施すべき手順を省略するなどによって重大なトラブルに発展することがあります。このことは，機械や装置が，使用を開始した直後だけでなく，一定程度時間が経過した後に部品の劣化等によって再び故障等が起きやすくなることに似ています。これは，製造現場などでバスタブ曲線と呼ばれる，機械や装置の故障の発生割合の変化をグラフとして示したものとしてよく知られています。機械や装置が定期的なメンテナンスによって故障の発生を未然に防止することが求められるのと同様に，チームで行う業務についても，業務に習熟した経験豊富な部下が，その経験や慣れから生じる思い込みからミスをするのを防止するため，業務記録や作業点検シートを活用し，作業や点検の手順を勝手に省略したり，スキップしたりしないようにするための工夫が必要です。

9 重大トラブルが発生したときの 連絡体制はどうあるべきか

分野： チームのマネジメント　コミュニケーション

ケース

　X社は，Y社から，Y社の新商品に使用する部品の開発・製造を委託され，Y社から示された仕様に従ってその開発・製造を完了し，最近，その受託部品をY社に納品しました。

問題の発覚

　X社にてY社を担当している田中さんは，Y社から受託部品の納品書を受領しその請求処理をしようとしていたところ，午前11時頃に，Y社の山本製造部課長から「緊急」ということで電話連絡を受けました。その電話での応答は，概要以下の通りです。

山本製造部課長　御社から納品された部品を弊社の商品に組み入れてテストをしたが，できあがった商品が想定された動作をしなかった。原因を探ってみたところ，どうやら御社から納品された部品があらかじめ定めた仕様通りの動作をしていないためであることがわかった。そのため，至急その確認と対応について鈴木営業課長と話をしたい。

田中さん　それは大変申し訳ございません。あいにく鈴木は昨日より3日ほど出張に出ておりますので，早急に鈴木に伝え，鈴木から山本製造部課長に連絡させるようにいたします。

山本製造部課長　御社の部品の不具合で弊社の製造がストップしており，こ

御社の商品に不具合があるので至急なんとかしてほしい。

鈴木課長が出張で連絡が取れません…

山本製造部課長　　　　　田中さん

のままでは期日までにお客様に納品することができなくなる。お客様に迷惑をかけることは弊社の信用問題になるので，急いで連絡をもらいたい。

田中さん　承知いたしました。すぐに鈴木に連絡をさせるようにいたします。

担当者の対応

　鈴木営業課長は，顧客との重要な会議のために，高橋主任とともにその前日から遠方に出張に出ており，3日ほどX社を留守にしています。田中さんは，その日の夕方までの間に鈴木営業課長と高橋主任の携帯電話に何度か電話をかけましたが，両者とも会議中であるのか電話に出ず，鈴木営業課長・高橋主任と話をすることができませんでした。そこで田中さんは，Y社山本製造部課長から聞いた内容を以下のような文面のメールにして鈴木営業課長と高橋主任に送信しました。

> 　本日，Y社山本製造部課長様より以下の内容のご連絡をいただきました。つきましては，至急山本製造部課長様に折返しのご連絡をお願いいたします。
> ＜山本製造部課長様からのご連絡内容＞
> 　弊社が納品した受託部品の不具合のため，それを組み入れたY社の商品が想定通りの動作をしない。そのため原因と対策について至急鈴木営業課長と話

　その日の午後5時頃，Y社の山本製造部課長から田中さん宛てに催促の電話がかかってきましたが，田中さんは，鈴木営業課長や高橋主任が出張で連絡が取れておらず，メールでは鈴木営業課長および高橋主任に本件を伝えてあるので，間もなく連絡があると思うと伝えるのみでした。山本製造部課長は，Y社の製造ラインをこれ以上止めると営業損失が拡大することとなるため，X社にその損失を補填してもらわなければならなくなることを田中さんに伝え，とにかく何時でもよいので鈴木営業課長から電話をもらいたいと付け加えました。

課長の対応

　田中さんは，改めて鈴木営業課長の携帯電話に何度か電話をかけたところ，午後7時近くなってようやく鈴木営業課長と話すことができました。鈴木営業課長は，出張先の顧客との会食中でしたが田中さんから事情を聞いて，すぐにY社山本製造部課長に電話連絡をして事情を詳細に聞きました。そして，すぐに佐藤営業部長の携帯電話に電話をして，本件の詳細とその対応策について佐藤営業部長と話しました。

トラブル解決に向けた対応

　佐藤営業部長は，その日はいくつか社内会議があったものの終日会社におり，なぜ田中さんから直接佐藤営業部長に速やかに報告がなされなかったかと考えつつ，すぐに本件について担当役員や本件受託部品の開発責任者に連絡をして事態の収拾に向けて様々な手配をするとともに，翌日の早朝にY社を訪問することとしました。

　佐藤営業部長や開発責任者が事態の解決に向けて尽力した結果，Y社から

X社に対して請求されたY社の損失補填額は妥当な額に落ち着き，受託部品の欠陥の修補などについても話がまとまりました。

再発防止策

　本件の処理が落ち着いた頃，X社では，事故やトラブルが発生した時の緊急連絡体制が問題視され，そのルールを改めて整備することになりました。

このケースの みかた

- 顧客との間のトラブルや製造現場での事故といったアクシデント情報は，できるだけ速やかにマネジャーや，アクシデントの内容によっては経営層に伝達されるべきです。なぜなら，アクシデントの内容によっては，会社に多大な損失を及ぼすこととなるからです。
- 直属の上司が遠方への出張等ですぐに連絡が取れない場合，その上司を越えてさらに職位が上の上司に担当者が直接連絡を取るといった対応が必要となることがあります。マネジャーとしては，トラブルの緊急性や重要度に応じて，アクシデント情報を短時間で会社の上層部まで伝達するように，普段から部下を指導しておくことが重要です。

ここが ポイント！

❶ Y社担当者である田中さんは，出張中の鈴木営業課長とすぐに連絡が取れない場合，鈴木営業課長の上席に当たる佐藤営業部長にY社との間で生じたトラブルをすぐに報告しその指示を仰ぐべきです。
❷ 鈴木営業課長は，出張中であるとはいえY社担当者である田中さんから何度も携帯電話に着信があった時点で何らかの緊急事態が発生しているのではないかと考えて，なるべく早く田中さんに連絡をすべきです。また，トラブルが発生した場合の田中さんの対応が不十分であることから，

鈴木営業課長が緊急時対応について部下に指導できていないことも考えられます。企業としてトラブルに迅速に対応することは不可欠であり，常日頃から緊急時対応について部下と話し合っておくことが求められます。

3分間 解説

重大インシデントが発生した場合の連絡体制は，どのようなものが望ましいといえるでしょうか。

まず，報告は，誰が（WHO），何を（WHAT），いつ（WHEN），どこで（WHERE），なぜ（WHY），どのように（HOW）という5W1Hに欠けるところのない情報を伝達することが何より大切です。客観的事実を正確に伝える必要があります。これを確実にするために，メモや写真，録音等の資料が役立つことがあります。このことは，重要インシデントの報告だけでなく，通常時の報告でも徹底すべき基本といえます。

この基本を確認した上で，事故・アクシデントといった重要インシデントの報告においては，特に留意すべき点があります。重要インシデントは，時として会社の存続に関わることもある重大な出来事であり，重要インシデントに関する情報は，ただちに，かつ何よりも優先して会社内の上層部に伝達されなければなりません。重要インシデントに起因する被害が大きくなり，大問題に発展してしまうことがないように，重要インシデントに関する情報は，何よりも優先して報告するよう部下に指示する必要があります。

こちらもチェック！ 関連法令

> **・製作物供給契約**
> X社がY社に部品を供給する旨の契約のように，当事者の一方が相

手方の注文に応じて製作した物品を供給し，これに対して代金を支払う契約を，一般に「製作物供給契約」といいます。製作物供給契約は，相手方の注文に応じて物品を製作するという請負契約的な側面と，物品の供給に対して代金が支払われるという売買契約的な側面とがあります。このような契約を混合契約といいます。

　製作物供給契約については，民法に明文の規定は存在しないため，当事者間の契約において定めがない事項については，請負の性格が強い場合には請負契約の規定が，売買契約の性格が強い場合には売買契約の規定が，それぞれ適用されるとされています。例えば，注文者の特別な指示によって目的物の仕様を定めて製造する場合は請負契約の性格が強く，一定の規格に従って目的物を製造する場合は売買契約の性格が強いといえます。

　本事例のＸ社とＹ社との間の契約は，Ｘ社が，あらかじめ定められた仕様に従って，部品の開発および製造を行うものであり，請負契約の性格が強いと考えられます。

・製造物責任

　Ｘ社は，Ｙ社に対し，契約上の責任（債務不履行責任），不法行為責任のほか，製造物責任法に基づく責任を負う可能性があります。

　製造物責任は，製造物に欠陥があれば，製造物の製造業者等に故意または過失がなくても成立する点に特徴があります（製造物責任法３条）。

10 クレーマーからの不当要求には どのように対処すべきか

ケース

問題の発生

　Ｚ社の店舗運営課に顧客からのクレームの電話がかかってきました。佐々木店舗運営課長が直接その客と話をしてみると，「Ｚ社が運営する店舗で商品を購入したが，調子が悪いので店舗に相談に行ったところ，店員の態度が横柄でろくに自分の話を聞いてくれなかった。Ｚ社の従業員への教育はどうなっているのか」といった趣旨の話を長時間にわたって繰り返し言われました。その客からは，Ｚ社が今後どう対応するのか折り返し連絡をするよう求められています。

初期対応

　佐々木店舗運営課長は，客の言っていた店舗の松本店長に事実関係を確認したところ，松本店長からは以下のような話を聞くことができました。

　確かにその客は，●月×日△時頃に当店を訪れ，当店で１年半前に購入したという大型テレビの映りが悪いといって新しい商品との交換を求めてきました。商品の不具合については，メーカーに直接連絡をして欲しい旨を丁寧に説明したところ，「言いたいことはそれだけか。言っていることはわかるが，お前のその態度はなんだ，バカにしているのか。」等と言い始め，徐々に激高していき，今すぐ新品との交換をし，それにかかる費用は全額Ｚ社が負担することを求めてきました。担当者が，その要求には応えられないのでメーカ

ーに直接連絡をして欲しい旨を再三説明したところ，その客が担当者の名札を指さして「お前の名前は覚えた。本部に連絡をしてこの店にいられなくしてやる。」と言い残して店舗を後にしました。

　上記の事実は，途中までその担当者からのヒアリングでわかったことですが，その客が激高して怒鳴り散らし始めた頃から店長である私も近くまで行き，直接その場で起きたことを確認しました。担当者の態度や説明の仕方に落ち度はなく，終始丁寧な言葉で対応していました。

　商品は1年半前に購入されたもので，メーカーの保証期間を経過していますし，商品の不具合の説明は最初の数分で，すぐに担当者の態度を問題とする発言を繰り返していました。難癖をつけて商品の交換を要求してくるクレーマーだと思います。

クレームへの対応

　佐々木店舗運営課長は，松本店長に事実関係を具体的に記入した対応報告書を作成して提出するとともに，対応にあたった店員へのフォローをしっかりと行うよう指示をしました。

　佐々木店舗運営課長は，松本店長から対応報告書を受け取ると，すぐに上司である小林営業部長に報告し，その客への対応を協議した上で，その客へは佐々木店舗運営課長自ら電話をし，以下の事項を丁寧に説明することとな

丁寧に対応した従業員の態度に難癖をつけるだけでなく，新品と交換するよう要求するクレーマーがいました。

松本店長

対応にあたった店員のフォローもして下さいね。

佐々木店舗運営課長

りました。

- 商品不具合への対応は，店舗では受け付けておらず，メーカーに直接連絡をしてもらうこととなっていること
- Z社としては，接客について定期的に教育指導を徹底していること
- 担当者がその客に不快な思いをさせたということがあれば，その点については丁寧に謝罪をすること

　上記の点を丁寧に説明してもその客に納得をしてもらえない場合には，毅然とした態度で臨むこととなりました。

　その客への対応は，佐々木店舗運営課長の粘り強い説明によって収束しましたが，Z社では，クレーマーからの不当な要求があった事実について，店舗からすぐに店舗運営課に連絡がなかったことが問題となり，これを改善するための仕組みを作り，運用することが決まりました。

このケースの みかた

- 商品やサービスに対するクレームが自社の落ち度によるものである場合には適切に対処し，再発防止に役立てる必要があります。しかし，クレームの中には，担当者などの些細な落ち度をとらえて執拗にそれをとがめ，会社に義務のないことをさせようとするものがあります。
- クレーム対応では，相手の主張に耳を傾けて何を求めているかを見極めることがまずは大切です。会社に至らぬ点があれば，その点は丁寧に謝罪をする必要がある反面，過大な要求がなされたときには，毅然とした態度で臨むことも求められます。
- クレームがエスカレートして，脅迫や恐喝，暴行などの犯罪行為に至った場合には，警察に協力を求めることも必要となります。

❶本事例のクレームの内容は，商品の不具合に始まり，途中からクレームの対応に当たった店員の態度を執拗に責めることに変わっています。そのクレームの表現も，クレーム対応に当たった社員が店にいられないようにしてやるという脅迫に当たるものが含まれ，激高のあまり怒鳴り散らすなど，かなり不穏なものとなっています。

❷商品購入後１年半を経過した後に，商品に不具合があることを理由にＺ社の負担で新品に交換するように求められても，Ｚ社では対応できないでしょう。Ｚ社は，他社が製造した製品を販売しているにすぎず，商品の不具合がいかなる原因に基づくのかは，Ｚ社には見極めることができません。そのため，Ｚ社としてはメーカーへの確認を求めてもらうこととしており，そのことには合理性が認められます。

3分間 **解説**

　顧客からのクレームがあった場合，クレーム内容が事実に基づくものであるか否か等を慎重に見極める必要がありますが，何よりもまず顧客から十分に話を聞くようにします。顧客からのクレームに対しては，誠実に対応することが組織としての基本姿勢となりますが，マネジャーが顧客から丁寧に話を聞くこと自体が，顧客に対して誠実にクレームに対応しているという姿勢の表明となります。

　顧客からクレーム内容を聞き取る際には，顧客の不満の原因を探り，その不満は解消できるものかを見極め，その顧客が最終的に求めているもの，例えば文書による謝罪なのか，金銭による補償や損害賠償なのか，改善措置なのかを把握することが重要です。

　そのためにもマネジャーは，クレーム対応に当たっては，顧客の主張を聞き取りながら情報を整理し，ある程度の話のまとまりや区切りごとに顧

客の主張を復唱してひとつずつ確認するようにします。そして，特に注意すべきは，クレームを主張している顧客の「心情自体」を否定しないようにすることです。会社側に落ち度があるか否かや顧客のクレーム内容が真実であるか否かにかかわらず，顧客が感情を害したという事実自体は否定されるべきものではありません。「そんなことで怒るのはおかしい」などと相手の心情を否定すると，かえって顧客の心情を悪化させ，事態の収拾を困難にするおそれがあります。顧客の不満を一切省みることなく会社としての責任を否定することに専心し，ビジネスライクな対応に終始することは，かえって顧客の不満を募らせる結果となりかねません。ただし，顧客の心情に配慮して誠意ある対応をすることと，責任を認めることは，別の問題であることには，十分留意しなければなりません。

　クレームを主張する顧客の中には，会社や担当者等の些細な落ち度を捉えて過大な要求をしたり，執拗に苦情を申し立てる人がいます。現代社会では，このような人に対して誤った対応をすると，ソーシャルメディアを使って根も葉もない誹謗中傷を流布され，風評被害が発生するなどして，その対応に追われることがあります。風評被害等による会社の社会的信用の失墜やブランドイメージの低下などが生じた場合，その信用回復が困難となり，多大な損害が生じることがあります。

　商品やサービスへの苦情を主に行っていたクレーマーに対し，毅然とした態度を示すことなくクレーマーの要求に配慮するような態度をとると，クレーマーはこれに乗じて，請求根拠の不明確な金銭の支払いを要求するなどに至り，犯罪もしくはこれに準ずる不当要求（脅迫，強要，恐喝など）にまでエスカレートすることがあります。
　こうしたクレーマーからの不当な要求行為へ対応する際には，次のような点に注意します。

① 複数人で対応する

② 記録や証拠を確保する

　不当要求行為の存在を客観的に証明できる方法で確保する必要があります。会話内容をメモや録音したり，監視カメラのついた会議室で対応することが重要です。

③ 警察との連携

　犯罪行為に当たるような不当要求行為に対処するには，警察との連携が不可欠です。威圧的な要求行為や対処を求めて居座る行為は，強要罪・恐喝罪・不退去罪などに該当する可能性があり，客観的に犯罪行為の存在を証明できる証拠をそろえて警察と連携すべきです。

こちらもチェック！ 関連法令

・クレーマーに対する民事上の責任

　クレーマーによってソーシャルメディア等を使って根も葉もない誹謗中傷を流布され，風評被害が生じた場合，投稿内容を削除するだけでは信用等を回復できないことがあります。そのような場合には，クレーマーに対して，風評被害，名誉毀損等を理由に，不法行為に基づく損害賠償請求（民法709条）をし，被った損害を金銭で賠償してもらうことを検討します。

・クレーマーに生じうる刑事責任

　「3分間解説」で説明した通り，過剰なクレームは，刑法上の犯罪に該当することがあります。

① 強要罪（刑法223条）

　生命・身体・財産等を害すると告げて脅迫をしたり，暴行をすることによって，人に義務のないことを行わせ，または，権利行使を妨害

する犯罪です。

②　恐喝罪（刑法249条）

　人を恐喝して金銭や物を交付させる犯罪です。恐喝とは，相手の反抗を抑圧しない程度の脅迫で，財物を交付させるために用いられるものをいいます。

③　不退去罪（刑法130条）

　要求を受けたにもかかわらず，人の住居や人が管理・支配している建造物等から退去しないことによって成立する犯罪です。

11 派遣労働者を受け入れるとき どのような点に注意すべきか

ケース

　Z社の店舗で経理事務を担当している橋本さんは，真面目な性格で，仕事に対し常に熱心に取り組んでおり，自分で処理した帳簿については，複数回の見直しを行うなど，丁寧に仕事をするため，会計処理を間違えることはありません。また，橋本さんは，Z社店舗で取り扱う家電製品について，仕事の合間に自主的に学習し，その特色や機能に関する知識も豊富に有しています。そして，橋本さんは，担当業務は経理事務ですが，Z社店舗の混雑時には，自らも自主的に店舗で接客を行っています。店舗での接客では，Z社店舗に来店するお客様に対し，いつも明るい笑顔で接し，その商品知識を活かした親切丁寧で分かり易い説明をするため，橋本さんを指名して商品説明を求めるお客様がいるほど，高い評価を得ています。

橋本さんからの育児休業の申入れ

　Z社店舗の松本店長は，橋本さんの勤務態度に感心し，佐々木店舗運営課長に対しても，日ごろから，橋本さんの優秀な仕事ぶりを報告しています。こうした報告を受け，佐々木店舗運営課長も，橋本さんの今後の活躍に期待するとともに，昇給や昇進について検討することとしていました。

　ところがある日，松本店長は，橋本さんから以下のような相談を受けました。

橋本さんのような明るく
接客もできる経理事務の
派遣労働者を事前面接で
選びたいのですが…

松本店長

事前面接は
ダメです。

佐々木店舗運営課長

　このほど子供を授かり，出産予定日は，○月△日です。Ｚ社店舗で人員が1
名離脱することは，松本店長をはじめＺ社店舗の皆さんの負担を増やすことと
なり大変心苦しいのですが，初産であるため，大事をとって，出産予定日の6
週間前から産前休業をいただきたくお願いをする次第です。また，産後8週間
の産後休業の後は，子供が1歳になるまでは育児休業を取得したいと考えてお
ります。子供が1歳になった後は職場復帰したいと考えていますが，もしその
時に，子供を預かってもらえる保育所が見つからなかった場合には，育児休業
を延長したいと考えています。

　松本店長は，橋本さんの今後の活躍に期待していただけに，橋本さんがＺ
社店舗を長期にわたって離れるのは大変惜しいと感じました。しかし，慶事
であるため，「それは，本当におめでとう。無事ご出産され，育児休業を取得
してしっかり育児に専念してください。育児休業を終え，再びＺ社店舗に復
帰して活躍してくれるのを待っています。」と伝えました。

派遣労働者の受入れ

　松本店長は，橋本さんから受けた相談内容を佐々木店舗運営課長に報告し
ました。報告を受けた佐々木店舗運営課長はＺ社店舗において不足した人員

の補充について検討しました。その結果，橋本さんが育児休業をとっている間，Z社と人材派遣会社との間で労働者派遣契約を締結し，Z社店舗の経理事務の業務について，派遣労働者による役務の提供を受けることが決まりました。これを受け，松本店長は，人材派遣会社から派遣される派遣労働者は，橋本さんのように，経理事務の業務だけでなく，店舗での接客も笑顔で行える若い女性を希望しています。松本店長は，橋本さんと似たタイプの女性を選考したいと考え，人材派遣会社に対して，派遣労働者の履歴書の送付と事前面接を要求しようしています。

このケースの みかた

- マネジャーは，部下が育児休業の取得を申し出た場合には，その申し出を拒むことはできません。育児休業期間中は，その部下が行っていた業務をチーム内で調整するなどの対応が必要となりますが，不足した人員について，派遣労働者の役務の提供を受けることで補充することも考えられます。

- 労働者派遣は，派遣労働者を雇用している会社（派遣元事業主）が，その派遣労働者を他の事業主（派遣先）に派遣して労働させるものです。本来，自己の労働者を他の会社に「供給」し，その労働者を他の会社による指揮命令の下で労働に従事させることは，「労働者供給」に該当し，職業安定法により原則的に禁止されています。ただし，労働者派遣事業は，労働力の需給調整に有用であり，企業・労働者の双方にとってニーズが認められるため，労働者派遣法により，労働者派遣が認められています。

ここが ポイント！

❶松本店長は，派遣会社から派遣される予定の派遣労働者を受け入れるに

当たって，橋本さんと似たタイプの女性を選考したいと考え，人材派遣会社に対して，派遣労働者の事前面接を要求することを考えており，このような要求が認められるかがポイントとなります。

Z社店舗の経理事務について，派遣労働者を受け入れるに当たって，松本店長は，経理事務のほかに店舗での接客も派遣労働者にやってもらいたいと考えていますが，労働者派遣契約で定められていない業務に派遣労働者を従事させることができるかがポイントとなります。

3分間 解説

労働者派遣は，派遣元事業主が自己の雇用する労働者等の業務能力を評価し，その能力を一時的に必要としている事業主（一般に「派遣先」と呼びます）にその労働者を派遣して就業させるものです。しかし，本ケースにおける松本店長が考えているように，派遣労働者を受け入れる派遣先が，若年者や女性であることといった一定の条件を充たす派遣労働者を求めることがあります。これは，派遣労働者の能力ではなく年齢や容姿に着目するものとして，労働者派遣の本来のあり方から逸脱すると考えられます。そこで，派遣先は，一定の場合を除き，労働者派遣契約を締結するに際し，受け入れる派遣労働者を選考するための事前面接や履歴書の送付要請など，派遣労働者の特定を目的とする行為をしないように努めなければなりません。このことは，厚生労働省が公表する「派遣先が講ずべき措置に関する指針」にも記載され，派遣労働者を特定することを目的とする行為を禁止しています。

「派遣先が講ずべき措置に関する指針」第2　3
　派遣先は，（中略）労働者派遣に先立って面接すること，派遣先に対して当該労働者に係る履歴書を送付させることのほか，若年者に限ることとすること等派遣労働者を特定することを目的とする行為を行わないこと

また，労働者派遣契約の当事者は，厚生労働省令に定めるところにより，当該労働者派遣契約の締結に際し，「派遣労働者が従事する業務の内容」等を定めなければなりません。この点について「派遣先が講ずべき措置に関する指針」では，「派遣労働者を直接指揮命令する者に対し，労働者派遣契約の内容に違反することとなる業務上の指示を行わないようにすること等の指導を徹底すること」とされています。したがって，本ケースにおける松本店長は，Ｚ社と人材派遣会社との間で締結された労働者派遣契約で定めた範囲，すなわち経理事務の業務範囲を超えて，店舗での接客業務に派遣労働者を従事させることはできません。

こちらもチェック! 関連法令

無許可の者による派遣および無許可の者からの労働者派遣の受入れの禁止

　厚生労働大臣の許可を得ずに労働者派遣事業を行うことは労働者派遣法違反となります（労働者派遣法5条）。派遣労働者を受け入れる企業や団体（派遣先）は，労働者派遣事業者として厚生労働大臣の許可を得た派遣会社（派遣元事業主）から，派遣労働者を受け入れなければなりません（労働者派遣法24条の2）。本ケースにおいて，Ｚ社は，厚生労働大臣の許可を受けた人材派遣会社から派遣労働者の労務の提供を受ける必要があります。

労働者派遣期間の制限

　労働者派遣の期間には，以下の2つの制限があります。
① 派遣先の事業所単位の期間制限
　派遣先は，原則として，営業所，事務所，店舗といった派遣就業の場所ごとの業務について，3年（派遣可能期間）を超えて，派遣労働

の役務の提供を受けてはなりません（労働者派遣法40条の2）。ただし，一定の期間内に過半数労働組合等から意見を聴取する等の手続をとることにより，派遣可能期間を延長することができます。

② 派遣先労働者個人単位の期間制限

上記①で述べた事業所単位の期間制限について，派遣可能期間延長の手続を経た場合であっても，企業内の部署（課やグループ）といった派遣就業の場所における組織単位ごとの業務について，派遣先は，3年を超える期間継続して，同一の派遣労働者による派遣労働の役務の提供を受けることはできません（労働者派遣法40条の3）。1つの部署（課やグループ）で，ひとりの派遣労働者を受け入れることができるのは，3年が限度となります。もっとも，本ケースのように，産前産後休業や育児・介護休業に係る休業の代替業務への労働者派遣等は除かれます。つまり，本事例における橋本さんの代替業務に係る労働者派遣については，派遣期間の制限はありません。

12 部下からセクシュアル・ハラスメントの相談を受けたときどうするか

ケース

　10月中旬頃のある日，X社の鈴木営業課長は，チーム内のほとんどの部下がそれぞれの業務を終えて退社する頃，業務に使用している電子メール宛に，高橋主任とともにY社を担当している田中さんから次の内容の電子メールを受信しました。

○田中さんからの電子メールの内容

> 高橋主任のことで折り入って相談があります。
> 他の課員には知られたくないので，できれば鈴木営業課長とふたりでお話ししたいのですが…。

　鈴木営業課長は，この電子メールを読んだ後，室内に自分と田中さんのみとなったことを確認した上で田中さんに事情を聞いたところ，田中さんは，言葉を詰まらせながら，高橋主任からセクシュアル・ハラスメントを受けているとだけ告げてきました。

営業課長の初期対応

　X社では，男女雇用機会均等法に基づく厚生労働大臣の指針に従って設置しているハラスメント等の相談を受け付ける相談窓口を設置しています。しかし，田中さんは，ことを荒立てて騒ぎになることは避けたいため，相談窓

高橋主任からセクハラをうけまして…
でも，大事（おおごと）にしたくないのでそっとしておいてください。

相談

鈴木営業課長　　　　　　　田中さん

口ではなく，鈴木営業課長に電子メールを送ったのでした。鈴木営業課長は，チーム内にセクシュアル・ハラスメントがあるという噂は聞いたことがありませんでしたが，田中さんが思い詰めた表情をしておりウソを言っているとも思えなかったことから，田中さんに対して「つらい思いをしていたのですね。私がなんとかするから安心してください」と伝えましたが，田中さんは，「鈴木営業課長にこのことを聞いていただいただけでいいのです。ことを荒立てて騒ぎになるのはいやなのでそっとしておいてください。」と言います。

セクハラ当事者からの聴取内容

　鈴木営業課長が，田中さんおよび高橋主任から聴取した内容は，以下の通りです。

○田中さんから聴取した内容

　営業課の飲み会の後，高橋主任から「帰りが同じ方向だから送る」と言われてタクシーで一緒に帰りました。すると高橋主任が，車内で私の手を握ってきました。私はびっくりして，どうしていいか分からず，そのまま黙っていました。すると，高橋主任は「僕が君に特別に感謝していることは知って

くれているよね」といい，太股をさすってきました。私は困惑しましたが，上司なので邪険に振り払うこともできずにいたところ，タクシーが家の前に着いたため，急いでお礼を言ってタクシーを降りて帰りました。

　その翌日から，私は高橋主任から，毎日のように理由を付けて退社後2人で会いたいと言われ続けてきました。ずっと断っていたところ，高橋主任から私だけ残業をするように指示されました。皆が退社して2人だけになった時に，高橋主任が急に私の側に来て肩を抱きながら，「今の僕の仕事は大変厳しいが，いつも君が補佐してくれるので上手くいっている，いつも僕のためを思って尽くしてくれていると思うと気持ちが熱くなる」と言い，私の胸を触ってきました。私は，怖くてどうしていいか分からず，金縛りにあったようにじっとしていました。高橋主任は私の胸を触り続けようとしていましたが，隣の課の人が近づいてきたので，私から離れました。高橋主任がその人と話している隙に，私はその場を離れ急いで帰りました。

○高橋主任から聴取した内容

　飲み会の後，確かにタクシーで田中さんの自宅近くまで送りましたが，田中さんが述べたような事実はありません。

　田中さんが仕事でミスをしたため，就業時間後に残るように指示し注意したことは事実です。会社に大きな損失を及ぼしかねないミスだったので，きつく注意しました。田中さんは，そのときのことを逆恨みして，そのような根も葉もないことを言っているのではないでしょうか。

このケースの みかた

● セクシュアル・ハラスメントは，被害者にとって重大な人権侵害であり，精神的ダメージを被らせて業務を継続できない事態を生じさせることがあります。セクシュアル・ハラスメントが原因で被害者が通常の業務継

続ができなくなると，チームとしてのパフォーマンスにも影響します。
- チーム内でセクシュアル・ハラスメントが行われているという噂が立つと，チーム内のモラル（士気）が低下したり，チームメンバーのモチベーションにもマイナスの影響を与えることもあります。

ここが ポイント！

　高橋主任と田中さんとの主張には大きな食い違いがあり，問題の解決に向けて事実関係の確認が必要となります。しかし，セクシュアル・ハラスメントは密室や会社外などの加害者と被害者のみのときに行われることが多く，事実関係の確認はどうしても当事者からのヒアリングなどに頼らざるを得ないのが実際です。そのため，被害を訴えている者に会話内容の録音などをするように勧め，客観的な証拠に基づいて事実確認できるようにします。

　田中さんは，「ことを荒立てたくないのでそっとしておいてほしい」旨を鈴木営業課長に告げていますが，鈴木営業課長が何もしなくてよいわけではありません。田中さんは，Ｘ社のセクシュアル・ハラスメントの相談窓口ではなく鈴木営業課長に相談しているのは，秘密と身の安全が図られる場でセクシュアル・ハラスメントの問題を解決したいと考えている可能性があるからです。鈴木営業課長としては，Ｘ社のセクシュアル・ハラスメントの相談窓口では，適切な研修を受けた相談担当者が，事案の内容や状況に応じ，例えば，被害者と行為者の間の関係改善に向けての援助や，被害者と行為者を引き離すための配置転換など，解決と再発防止に向けた措置が適切に講じられることを田中さんに説明し，田中さんが安心して就業できる環境を整えることが重要です。

3分間 解説

　セクシュアル・ハラスメントは，性にかかわる嫌がらせをいいます。セクシュアル・ハラスメントには，職場における労働者の意に反する性的要求に応じるか否かで，その労働者が，労働条件について，解雇，降格，減給等の不利益を受ける対価型と，職場における労働者の意に反する性的な言動により，労働者の職務遂行や能力の発揮に見過ごすことのできない支障が生じ，職場環境が損なわれる環境型というように分類されることがあります。

　対価型セクシュアル・ハラスメントは会社における被害者の処遇に対する決定権を有する上司が加害者となることが多いのに対し，環境型セクシュアル・ハラスメントは，被害者に関する性的な噂話をすることなどが該当し同僚や部下も加害者となります。ただし，このケースのように，実際には，すべてのセクシュアル・ハラスメントが対価型と環境型に明確に分類できるわけではありません。

こちらもチェック！ 関連法令

・職場における性的な言動に起因する問題に関する雇用管理上の措置等 （男女雇用機会均等法11条）

　会社は，男女雇用機会均等法上，職場におけるセクシュアル・ハラスメントの防止のため，労働者からの相談に応じ，適切に対応するために必要な体制の整備をはじめ，その他の雇用管理上必要な措置を講ずることが義務づけられています（男女雇用機会均等法11条）。会社が講ずるべき措置の具体的内容については，次の「事業主が職場における性的な言動に起因する問題に関して雇用管理上講ずべき措置についての指針」（平成18年厚生労働省告示第615号，セクハラ指針）が

参考になります。

・セクハラ指針

　上記の男女雇用機会均等法11条に基づき，厚生労働大臣の指針により，職場におけるセクシュアル・ハラスメントの防止のために，会社が雇用管理上講ずべき措置が定められています。本事例におけるX社では，これらの措置が実施されており，鈴木営業課長は，X社のセクシュアル・ハラスメント相談窓口に相談することで，秘密と身の安全が図られることを説明し，田中さんが安心して就業できる環境が整うようにする必要があります。

　セクハラ指針の概要を記載しますので参考にしてください。

1　事業主の方針等の明確化およびその周知・啓発
- 職場におけるセクシュアル・ハラスメントの内容およびセクシュアル・ハラスメントがあってはならない旨の方針を明確化し，管理・監督者を含む労働者に周知・啓発すること。
- セクシュアル・ハラスメントをした者については，厳正に対処する旨の方針および対処の内容を就業規則その他の服務規律に定め，管理・監督者を含む労働者に周知・啓発すること。

2　相談や苦情に応じ，適切に対応するために必要な体制の整備
- 相談窓口をあらかじめ定めること。
- 相談窓口の担当者が，相談や苦情の内容や状況に応じ適切に対応できるようにすること。

3　職場におけるセクシュアル・ハラスメントに係る事後の迅速かつ適切な対応
- 事案に係る事実関係を迅速かつ正確に確認すること。
- セクシュアル・ハラスメントが生じた事実の確認（事実確認）ができた場合には，速やかに被害者に対する配慮のための措置を適正に行うこと。
- 事実確認ができた場合には，行為者に対する措置を適正に行うこと。
- 再発防止に向けた措置を講ずること。

4　1から3までの措置と併せて講ずべき措置
- 相談者・行為者等のプライバシーを保護するために必要な措置を講じるととも

に，その旨を周知すること。
- 相談したこと，事実関係の確認に協力したこと等を理由として不利益な取扱いを行ってはならない旨を定め，労働者に周知・啓発すること。

CASE
13

業務時間中の事故により
従業員が怪我をしたときどうするか

分野： 職場のリスク

ケース

　Y社の工場では，自社製品の製造工程のうち，アルコール溶剤を使ってある部品の洗浄作業を行う工程があります。通常その工程は，その作業の担当者数人で行われています。Y社では，その洗浄用アルコール溶剤はY社製品のために特別に作られたものであり，一定の成分を含む市販の洗剤と混ぜると，化学反応を起こして人体に有毒なガスが発生するという性質を有しています。Y社では，その安全性には特別の注意が払われており，そのため，この作業場にはその市販薬品を持ち込むことが禁止されています。

問題の発生

　ある日，洗浄工程で作業をしていた作業員が吐き気やめまいなどの体調不良を訴え始め，中には意識を失う者も現れました。洗浄工程の作業場近くの作業員が異常に気づきすぐに救急車を呼び，また工場長を経て山本製造部課長に状況が報告されました。

初期対応

　山本製造部課長は，すぐに事故が起きた工場の作業場に行き，現場を確認することとしました。工場長は救急車に同乗して被害者とともに病院に行っており不在でしたが，その日は工場の稼働を最小限にとどめ，原因を解明するため事故のあった作業場を確認することとしました。

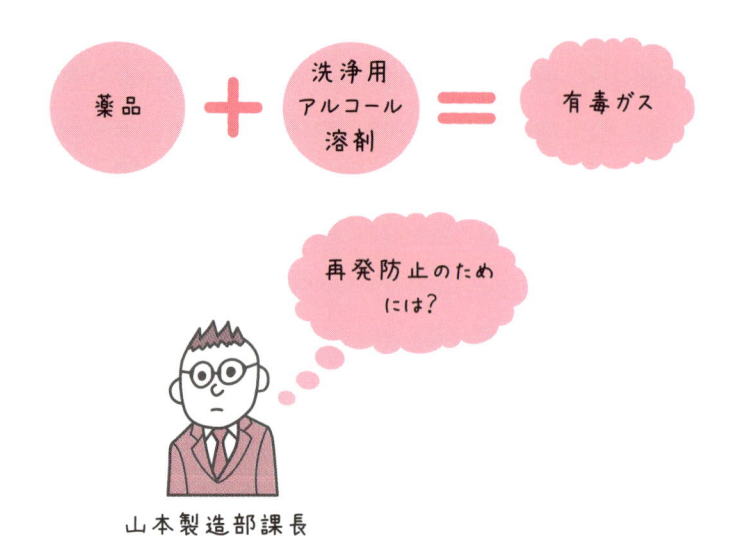

山本製造部課長

　山本製造部課長が確認したところ，そのときの作業場は空調設備の不調により換気が十分でなく，揮発した洗浄用アルコール溶剤の匂いがまだ残っている状態でした。作業場には，洗浄用アルコール溶剤と混ぜると有毒ガスが発生する薬品は置かれておらず，何らかの理由により作業場内にその薬品が紛れ込み，溶剤と混ざったのであろうと推測されました。

　山本製造部課長が現場を確認していたところ，工場長が病院から戻ってきました。医師の所見は，洗浄用アルコール溶剤と一定の成分が混ざったときに発生する有毒ガスによる中毒症状だとのことでした。意識を失っていた者も意識を取り戻しましたが，1週間ほど入院をして治療と検査を行うこととなり，それ以外の作業員は，検査と治療を受けて病院を出たあと，帰宅をさせたとのことです。

事実確認

　その翌日，山本製造部課長は，入院中の作業員を除き，事故現場にいた作業員から事情を聞きました。以下は，そのヒアリング結果の一部です。

- 作業を開始してからすぐに息苦しくなり，めまいがしてきた。
- 吐き気を催してきたが，その日は予定作業量が多く作業を中断しては間に合わないと考えて作業を続行した。
- 作業に入る前に工場の外に設置されているＹ社の手洗い所で手を洗ったが，ひょっとしたらその洗剤が服や靴に残っていたのかもしれない。

　山本製造部課長は，すぐに作業員の証言にあった手洗い所にいって備え置かれている洗剤を確認したところ，問題のある成分が含まれていることが確認されました。

事後対応

　その後，山本製造部課長を中心に，事故のあった工場長や洗浄工程のリーダーとともに，再発防止策を立案することとしました。

　まずは，Ｙ社敷地内の全施設で使用している洗剤のうち，問題の起きそうな洗剤を他の洗剤に置き換えるとともに，今後洗剤を購入する際には，会社が指定した銘柄のみとすることを徹底することとしました。また，洗浄作業をする作業場の換気設備を早急に修理する手配をしました。

このケースの　みかた

- 会社は，従業員が安全に業務を行えるよう，就業環境を整える責任を負っています（安全配慮義務）。マネジャーは，管理職として，チームメンバーが心身の支障を来すことなく業務を行えるよう細心の注意を払うことにより，会社の安全配慮義務の一端を担っています。
- チームメンバーが業務時間中に職場で怪我等をしたときは，いわゆる労災事故として処理されるとともに，会社は安全配慮義務違反となりその責任が問われることとなります。

ここが ポイント！

❶山本製造部課長がアルコール溶剤を使用する作業場の空調設備が不調であるのを知りながら放置していたかが問題であり，その前提としてその点検を定期的に行うようにしていたかは重要なポイントです。

❷洗浄用アルコール溶剤と混ぜると有毒ガスが発生する薬品が作業場内に置かれていませんが，Y社の敷地内の施設でその成分の入った洗剤が使われています。山本製造部課長は，これらが混ざることを想定していなかったのかもしれませんが，本ケースのように万が一の事態が発生したときにはそこで働く者に重大な健康上の問題が生じる場合には，細心の注意を払うべきです。

3分間 解説

業務上の事由等による労働者の負傷，疾病，傷害，死亡等に対しては，労働者災害補償保険法（労災保険法）に基づき，保険給付がなされます。労災保険は，保険給付によって，労働者の社会復帰の促進，当該労働者およびその遺族の援護，労働者の安全および衛生の確保を図るために設けられています。業務中における労働者の負傷等については，労働基準法上の災害補償制度もあります。しかし，災害補償制度は，会社が労働者の負傷等を補償する制度です。そのため，会社の補償能力次第で，確実に補償されないこともあります。そこで，労災保険制度によってこのような不都合が補完されているのです。そして，労災保険制度は，強制適用の原則の下に事業者に加入義務が課され，事業主が保険料の全額を負担することとされています。

労災保険の適用単位は「事業」です。適用を受ける事業で働く労働者であれば，事業内における地位，雇用形態，勤続年数などの区別なく適用対象となります。

業務災害と認められるためには，以下に示す要件を充たす必要があります。

①業務遂行性	労働者が労働契約に基づいて使用者の支配下にある状態であること。例えば，休憩時間中は業務を離れているので，怪我をしても原則として業務災害とは認められません。
②業務起因性	災害が業務に起因すること。業務と災害との間に因果関係がなければならないということです。

業務災害に当たるかどうかは，労働基準監督署長が判断します。そのため，会社は速やかに労災保険の申請をして，業務災害であることを認定してもらう必要があります。

また，会社は，自社で働く労働者の生命・身体・健康を害しないように物的・人的施設を管理する義務（これを一般に「安全配慮義務」といいます）を負っています。したがって，会社は，事業場内で事故が発生しないように施設を点検する必要があります。

こちらもチェック！ 関連法令

・労働者の安全に関して事業者が講ずべき措置
　会社は，機械，器具その他の設備による危険や，爆発性の物，発火性，引火性の物等による危険を防止するため必要な措置（例えば，一定の規格や安全装置を備えた機械器具等を使用するなど）を講じなければなりません（労働安全衛生法20条）。

・労働者の衛生に関して事業者が講ずべき措置
　会社は，ガス，蒸気，酸素欠乏空気，排気，排液または残さい物等による健康障害を防止するため必要な措置（適切な保護具の備え付けなど）を講じなければなりません（労働安全衛生法22条）。

・労働者の就業環境に関して事業者が講ずべき措置

　会社は，労働者を就業させる建設物その他の作業場について，通路，床面，階段等の保全ならびに換気，採光，照明，保温，防湿，休養，避難および清潔に必要な措置その他労働者の健康，風紀および生命の保持のため必要な措置を講じなければなりません（労働安全衛生法23条）。

・罰則

　労働安全衛生法に基づき会社が講じるべき上記の措置は，すべて義務規定であり，違反に対しては罰則の適用があります（労働安全衛生法119条）。労働安全衛生法における責任主体は，事業者（事業を行う者で，労働者を使用するもの）とされており，法人企業であれば法人自体，個人企業であれば事業経営者が該当しますが，一定の責任と権限の下に行為した者も現場の危険防止措置の実行義務者としての義務が課せられると考えられ，この義務に違反すると，罰則の適用を受けることとなります（労働安全衛生法122条）。

CASE 14

他人のブランドロゴ（商標）を使用するときにはどのような点に注意すべきか

分野： 情報セキュリティ

ケース

　　来年は，4年に一度行われる世界的なスポーツイベントの開催が予定されており，テレビや新聞等でもそのイベントを盛り上げようという機運が盛り上がってきつつあります。Z社は，スポーツ関連グッズも扱っていることから，松本店長は，店舗甲でもそのスポーツイベントの盛り上がりに乗するため，スポーツ関連商品の販売促進を企図して，店舗甲で独自のキャンペーンを展開してはどうかと考えました。

新企画の考案

　　松本店長は，店舗内の主だった部下を集めて会議を開催し，店舗甲でこのスポーツイベントを大いに盛り上げるとともに販売促進策を話し合いました。

　　その会議の結果，店舗甲では以下の施策を進めることとなり，企画書を取りまとめることとなりました。

- 店舗甲の入り口付近に大きく専用ブースを設けて店頭に「みんなでイベントを盛り上げよう！がんばれニッポン！」という垂れ幕を掲示する。
- 店舗甲の各階にスポーツイベントのポスターを掲示する。
- スポーツイベント応援セールのチラシを作成して新聞折り込みとして見込み客がいる地域に配布する。

上記各施策を展開する販売促進キャンペーンでは，誰でも知っているその

みんなでイベントを盛り上げよう！
がんばれニッポン！

スポーツイベントの
ロゴを使ってキャンペーンを
盛り上げたい！

松本店長

スポーツイベントのロゴを付することで，顧客がひと目見てどのイベントに関連するキャンペーンかがわかるようにすることとされました。

　松本店長は，このキャンペーンに要する費用と目標とする売上を計算して企画書にまとめ，Ｚ社の店長を集めて行われる月例の会議に出席した際に，佐々木店舗運営課長に見せて相談しました。

企画の問題点

　佐々木店舗運営課長は，松本店長から企画書を受け取りその概要説明を聞くと，すぐにその問題点を松本店長に指摘しました。

　まず，このスポーツイベントには公式スポンサーがおり，公式スポンサー以外の企業がこのイベントに関連して販売促進キャンペーンを実施することにはそのイベントを主催する団体から厳しい制限が課されています。特にそのイベントのロゴを企業等がキャンペーン等に使用する場合には，イベント主催団体から事前の許可を受け，その使用料を支払わなければなりません。

なお，ロゴの使用料はかなりの高額であるといわれています。そのため，店舗甲のみの予算を使ってロゴ使用の許可を得るのは不可能であり，松本店長が考えた企画を実施するにはＺ社全体としてその是非を検討し決定する必要があります。

　もし仮に，主催団体の許可を得ないでそのスポーツイベントのロゴや名称を無断でキャンペーンなどに使用した場合には，その主催団体から事前許可に要する額よりも高額の損害賠償を求められることとなります。

　佐々木店舗運営課長は，以上に加えて，松本店長に対して，「店舗甲での掲示などには著名なイベントの名称やそのロゴ，マークなどを安易に使用しないように十分注意をしてほしい」と注意をしました。

事後対応

　松本店長は，佐々木店舗運営課長からの指摘を受け，そのスポーツイベントに関連するキャンペーン企画は中止とすることとしました。また，店舗甲に戻った際に，その従業員に対して佐々木店舗運営課長から指摘された点を周知するとともに，店舗甲に掲示されているポスターの表示などをすべて見直して，他の団体等のロゴマークなどが不正に使用されていないかを確認することとしました。

このケースの みかた

- 商品やサービスを一般消費者に提供するに際して，一般消費者によく知られているイベント等に関連付けたキャンペーンを実施して販売促進をすることはよく行われます。このようなキャンペーンを企画する際には，関連付けようとするイベント等の名称やロゴ，マーク等の使用に注意が必要です。

- 基本的には，そのイベント等の主催団体に連絡をし，その名称やロゴ，

マーク等の使用に対する許諾やその際の使用条件などを確認することが必要です。その使用許諾には企業同士の契約が必要となりますから，基本的には代表取締役等の企業の代表者の名義で契約を締結する必要があり，営業所や店舗単位で契約を締結できるか否かは社内の決裁規程などを確認することが求められます。

ここが ポイント！

店舗甲の松本店長は，店舗の販売促進のために著名なスポーツイベントに関連付けたキャンペーンを企画しましたが，そのイベントのロゴを安易に使用しようと考えています。佐々木店舗運営課長が言うように，イベントには主催団体があり，そのイベントの名称やロゴ，マークを使用するには許可を得なければならない場合があります。

3分間 解説

他の会社や団体がその事業に使用しているロゴ，マークや商品・サービスの名称などを自社の事業に使用しようとする場合には一定の注意が必要です。企業等が一定のロゴ，マーク等を使用して事業を長期間にわたって継続していくと，そのロゴ，マーク等自体がその企業が行う事業を表すものとして周知されていきます。そして，徐々に一般消費者の間に，そのロゴ，マーク等を付して行われる事業（または商品・サービス）であれば商品等が一定の品質をもっているとの信用が蓄積します。このようにしてロゴ，マーク等に蓄積した信用は，法的にも一定の保護がなされています。ですから，ある企業等のロゴ，マーク等を他の企業が無断で使用する行為は，他社が築いてきた信用にただ乗り（フリーライド）することとなるために制限されているのです。

ロゴ，マーク等はいくつかの法律によって保護されています。そのひとつは商標法です。商標法によって保護される「商標権」は，商品やサービ

スに使用するロゴ, マーク等（商標）を特許庁に申請して（「商標登録出願」と呼ばれます）一定の審査を経て特許庁に登録を受けることにより認められる権利です。商標権として出願をする際には, 登録しようとするロゴ, マーク等（商標）をどのような種類の商品やサービスに使用するのかを指定します（「指定商品」「指定役務」といいます）。あるロゴ, マーク等が商標権として登録を受けているか否かは, 特許庁の特許情報プラットフォーム（J-PlatPat）で確認することができます。

　本事例における松本店長は, スポーツイベントのロゴ等について商標権の登録がなされていないかを確認することが必要だったといえるでしょう。

　あるロゴ, マーク等について商標権の登録がなかった場合であっても, そのロゴ, マーク等が一般消費者によく知られたものであるときは, 不正競争防止法の定めにも注意が必要です。

　具体的には, 一般によく周知された他人のロゴ, マーク等（商品または営業等の表示）をそのまま自分の会社の商品等を表すものとして表示し, それを見た一般消費者がどの会社の商品等か混同するような行為は, 不正競争防止法によって規制されています。

　他人のロゴ, マーク等を無断で自社の事業等に不正利用すると, 商標法に基づくか, 不正競争防止法に基づくかにかかわらず, 正当な権利を有する者から, ①その不正使用の差止めや②被った損害の賠償請求を受けることとなります。

こちらもチェック！ 関連法令

・著名・周知の表示に対する規制（不正競争防止法）

　不正競争防止法では, ロゴ, マーク等について, 上記の周知のものに関する規制のほか, 著名なものに関する規制を定めています（不正競争防止法2条1項2号）。

「著名」は，「周知」よりも知られている範囲が広いとされており，全国的に知られているようなロゴ，マーク等がその対象となります。「周知」のものよりも知名度が高いため，他社の商品等と混同を生じることがなくても，不正競争として禁止されます。例えば，高級化粧品のブランドとして全国的に知られているブランド名と同じ名前の居酒屋を開店した場合，一般に一般消費者が混同を生じることはないと考えられますが，高級ブランドの顧客誘引力などにただ乗りすることを認めるのは適切ではなく，不正競争として禁止されています。

・イラスト等の創作物に認められる権利（著作権法）

ロゴやマークなどを保護する法律として，商標法，不正競争防止法のほかに，著作権法が挙げられます。例えば，企業の使用するマークにオリジナルのイラストを使用している場合，著作権法による保護の対象となることがあります。

著作権法による保護の特徴として，商標法とは異なり，登録等のいかなる方式の履行も要せず，著作物を創作すれば，その時から法的保護を受けられる点が挙げられます（著作権法17条2項）。

著作権を侵害した場合にも，差止めや損害賠償の請求を受けることとなります。

CASE 15 協力会社に義務のないことをさせるとどのようなことになるか

分野： 業務のリスク

ケース

　Z社は，新たに都心に店舗をオープンすることになり，準備を進めています。担当部署である店舗運営課の佐々木課長は，新店舗をオープンさせるスケジュールを検討していますが，小林営業部長からは，競業他社との関係もあり，できるだけ早くオープンするようにとの指示が出ています。

　検討すべき重要な事項の一つとして，商品の選定や陳列方法などを決定する必要があり，早急に対応しなければならない状況にあります。佐々木店舗運営課長は，オープンまでの日数をなるべく短くするため，チーム内でその方策を検討しました。

　その際，ある社員から，「Z社内の人員のみで準備をするのはかなり困難です。取引先納入業者から人員を派遣してもらい，商品陳列などの作業を手伝ってもらってはどうか」との意見が出ました。佐々木店舗運営課長は，そのアイデアを採用し，早速上司である小林営業部長に相談したところ，部長からその方向で検討するように了承を得ました。

Z社からの申し出

　オープンの1週間前になり，佐々木店舗運営課長は，Y社などの取引先納入業者を集め，「このたびの新店舗オープンに際し，もう日数も1週間しかないことから，急な話で誠に申し訳ないですが，商品陳列作業を手伝ってもらいたいので，各社から数名社員を派遣してもらえないでしょうか。予算の関

99

係で申し訳ありませんが，無償でお願いします。」と商品の陳列の手伝いを無償で行ってもらうように各社に申し出ました。

Y社の対応

　Y社の中村総務課長は，このような佐々木店舗運営課長の申し出を受け，伊藤総務部長に相談をしたところ，「有力取引先であるZ社の申入れであるので，今後の取引を考えると無下に断ることはできないだろう。」との回答を得ました。そこで中村総務課長は，仕方なくこの申入れを受け入れることとしました。

　オープンの3日前から商品の納入・陳列が行われ，Y社からは従業員2名のほか，アルバイトも派遣しました。その際，佐々木店舗運営課長からは「申し訳ないですが，やはり人数が足らないので，御社が納品した商品だけではなく，他社が納品した分の陳列も手伝ってください。」との要請がありました。Y社の従業員らは，Y社が納品した商品だけではなく他社が納入した商品も含め多くの商品の搬入・陳列を手伝いました。

Ｙ社の新規店舗は予定通りオープンしましたが，Ｚ社からＹ社に対し，Ｙ社が従業員を派遣するために通常必要となる費用の支払いはありませんでした。

このケースの みかた

- 取引先納入会社等，協力会社との取引関係に伴い，様々な行為を要求することは，その優越的な立場を利用したとして独占禁止法上問題となる場合が往々にしてありうることに注意する必要があります。
- 協力会社等との関係についてあらかじめマニュアル等を整備し，社内に周知徹底しておくことが大切です。

ここが ポイント！

❶ Ｙ社などの協力会社に対し，取引に直接関係のない行為を要求することは，様々な問題を引き起こす可能性があります。法令遵守の観点から佐々木店舗運営課長は，関係部署や専門家に相談を行った上で，施策を実施する必要があります。

❷ Ｚ社は，Ｙ社に対して正当な対価を支払う等の措置を講じた上で，再発防止策を検討する必要があります。

3分間 解説

　本ケースのように，大手販売会社であるＺ社が納入業者であるＹ社に対して，押し付け販売，返品，従業員派遣や協賛金負担などを強いることは，「優越的地位の濫用」という不公正な取引方法に当たり独占禁止法違反となります。

　優越的地位の濫用とは，取引の一方の当事者が自己の取引上の地位が相手方に優越していることを利用して，正常な商慣習に照らして不当に，不利益を与える行為を行うことをいいます（独占禁止法2条9項5号）。優

越的地位の濫用は，独占禁止法上，不公正な取引方法として禁止されています（独占禁止法19条）。

優越的地位の濫用については，公正取引委員会が公開している「優越的地位の濫用に関する独占禁止法上の考え方」（以下「優越ガイドライン」）に具体的に示されています。これによると，優越的地位とは，取引の相手方にとって，取引の一方の当事者との取引の継続が困難になることが事業経営上大きな支障を来すため，ある事業者（甲）が他の事業者（乙）にとって著しく不利益な要請等を行ったときに，要請を受けた乙がこれを受け入れざるを得ない場合をいうとされています。この判断に当たっては，乙の甲に対する取引依存度，甲の市場における地位，乙にとっての取引先変更の可能性，その他甲と取引することの必要性を示す具体的事実を総合的に考慮するとされています（優越ガイドライン第2）。

「正常な商慣習に照らして不当に」というのは，優越的地位の濫用の有無が，公正な競争秩序の維持・促進の観点から個別の事案ごとに判断されることを示すものであり，「正常な商慣習」とは，公正な競争秩序の維持・促進の立場から是認されるものをいいます。したがって，現に存在する商慣習に合致しているからといって，直ちにその行為が正当化されることにはなりません（優越ガイドライン第3）。

大規模小売業者が，自己の業務のために納入業者に従業員等を派遣させて使用すること，または自らが雇用する従業員等の人件費を納入業者に負担させることは原則として禁止されています。

ただし，その例外として，①「あらかじめ納入業者の同意を得て，その従業員等を当該納入業者の納入に係る商品の販売業務のみに従事させる場合」，②「派遣の条件についてあらかじめ納入業者と合意し，かつ，その従業員等の派遣のために通常必要な費用を大規模小売業者が負担する場合」は，納入業者に従業員等を派遣させることが認められます。

Ｚ社が，店舗の新規オープンに際し，派遣のための費用を負担すること

なく，Ｙ社が納入する商品のほか，他社の商品についても陳列補充の作業を行うようＹ社に要請し，Ｙ社にその従業員を派遣させることは，納入業者の従業員等の不当使用等に該当する可能性が高いと考えられます。

したがって，Ｚ社としては，どうしてもＹ社等からの派遣が必要な場合には，①あらかじめＹ社等との合意を得た上で，②通常必要な費用を支払わなければなりません。

また，個々の納入業者の事情により交通費，宿泊費等の費用が発生するにもかかわらず，派遣のための費用として一律に日当の額を定め，交通費，宿泊費等の費用を負担することなく，当該納入業者にその従業員を派遣させることや，自社の棚卸業務のために雇用したアルバイトの賃金を納入業者に負担させることも，納入業者の従業員等の不当使用等に該当する可能性が高いと考えられます。

こちらもチェック！ 関連法令

・優越的地位の濫用

優越的地位の濫用とは，取引の一方の当事者が自己の取引上の地位が相手方に優越していることを利用して，正常な商慣習に照らして不当に，不利益を与える行為を行うことをいい（独占禁止法２条９項５号・19条），本事例のように納入業者に無償で人員を派遣してもらい，自社の業務を手伝わせることは，原則として優越的地位の濫用に当たります。このような優越的地位の濫用は，独占禁止法上，不公正な取引方法として禁止されています。

・優越的地位の濫用に関する独占禁止法上の考え方

優越的地位とは，本事例においては，取引の相手方にとって，取引の一方の当事者との取引の継続が困難になることが事業経営上大きな

支障を来すため，Z社がY社にとって著しく不利益な要請等を行っても，Y社がこれを受け入れざるを得ないような場合をいうとされています。この判断に当たっては，Y社のZ社に対する取引依存度，Z社の市場における地位，Y社にとっての取引先変更の可能性，その他Z社と取引することの必要性を示す具体的事実を総合的に考慮するとされています。本事例のように，大規模小売業者が，自己の業務のために納入業者に従業員等を派遣させて使用すること，又は自らが雇用する従業員等の人件費を納入業者に負担させることは一定の場合を除き原則として禁止されています。

16 失敗をした部下を叱る際には どのようなことに注意すべきか

分野： コミュニケーション チームのマネジメント

ケース

問題の発覚

　Ｘ社営業課の渡辺君は，Ｘ社の重要顧客であるＹ社から注文を受けていた製品を納品する期日を勘違いし，約束の期日に製品を納品できずにＹ社に多大な迷惑をかけたことが，後日，Ｙ社からＸ社営業課へのクレームの電話で発覚しました。

初期対応

　鈴木営業課長は，Ｙ社からの電話が終わるとすぐに渡辺君を自席の前に呼び付けて，チームメンバーが周りにいることも意に介さずに渡辺君を大きな声で叱責し始めました。以下はそのときの鈴木営業課長と渡辺君との会話の一部です。

鈴木営業課長　約束を守るなんて子供でもわかることだろう！　どうして納期を忘れたりしたんだ。

渡辺君　前日まで覚えていました。スケジュール管理システムにもＹ社に納品する日を登録しており，それに向けた準備も進めていました。ところが当日の朝になって，至急他の顧客への対応のために資料を作成しなければならないこととなり，その仕事に追われている間にＹ社への納品を失念してしまったのです。

鈴木営業課長 そういうときは，誰かにＹ社への納品を頼むとかいくらでも
　　やりようがあるじゃないか。忙しいからなんて言い訳にもならないぞ！
　　それに，何年か前にも似たようなミスでお客様に迷惑をかけたことがあ
　　ったではないか。その失敗からなにも学んでいないのか？　お前の頭に
　　はなにも詰まってないんじゃないのか？
渡辺君 本当に申し訳ございませんでした。
　渡辺君は，それ以後終始無言のまま鈴木営業課長の叱責を聞きながら，謝
罪の言葉を繰り返すだけとなってしまいました。

　鈴木営業課長宛の内線電話が鳴ったために，鈴木営業課長は渡辺君を解放
しその場はいったんそれで収まりました。
　しかし，その直後の鈴木営業課長のチームは静まりかえって物音ひとつた
たず，ただいつまでも怒りがおさまらない鈴木営業課長の独り言がいつまで
も響いていました。

事後対応

　佐藤営業部長は，鈴木営業課長と渡辺君との間に上記の事態が起きた際に
は出張で不在にしていましたが，鈴木営業課長からその報告を受け，他のメ

ンバーからもそのときの話を聞いた上で，鈴木営業課長を会食に誘いました。以下は，そのときの佐藤営業部長と鈴木営業課長との会話の一部です。

佐藤営業部長　Ｙ社の納期遅延の件は大変だったね。渡辺君のミスは初歩的なものだが，君はよくリカバーしてＹ社との関係修復に動いてくれた。

鈴木営業課長　正直言って渡辺君があんな大きな失敗を犯すとは思いもしませんでした。Ｙ社が当社にとって重要顧客だというのは普段からメンバーによく伝えてきただけに非常に残念です。

佐藤営業部長　君は相当怒っていたようだが，そこで思考停止をせずにすぐにＹ社との関係修復に動いた点は素晴らしいと思う。だが，感情的になって怒りを部下にぶつけるだけでは，再発防止にはつながらないのではないか。

鈴木営業課長　確かに，今冷静になって考えてみれば，そのときは自分自身かなり感情的になってしまい，渡辺君をかなり厳しい口調でやりこめたように思います。

佐藤営業部長　大事なことは同じミスを繰り返さないように渡辺君が成長することであり，マネジャーとしてはそれを指導することも重要な仕事だと思っている。

鈴木営業課長　仰るとおりです。あの件があって以来渡辺君は元気がなく極端にミスを恐れるようになってしまい，他のメンバーの雰囲気も決して良好ではありません。他のメンバーの前で渡辺君を厳しく叱責したのは私のミスだったかもしれません。

佐藤営業部長　君はよくチームをまとめて売上を上げてくれており，その点を高く評価している。しかし，部下の失敗に厳しすぎる傾向があるな。ミスや失敗は誰でも起こしてしまうものという前提で，ミスや失敗が起きにくい仕組みを工夫してみてはどうか。また，渡辺君のフォローもしたほうが良いと思う。

鈴木営業課長　今回の件は，渡辺君だけの責任ではなく，このようなミスが起きてしまう仕組みを放置した私の責任でもあることがよくわかりました。改めて業務フローなどを見直します。また，渡辺君とも一緒に食事などして一緒にがんばっていけるようにフォローします。

佐藤営業部長　そうした方がいい。あくまでも一緒に働く仲間なのだから，お互いの信頼関係をしっかりと築いていくことがなにより大事だと思う。

鈴木営業課長　わかりました。

このケースの みかた

- 鈴木営業課長は業務上の失敗をした部下渡辺君を叱責していますが，その際に重大なミスを犯しています。佐藤営業部長が鈴木営業課長に自身のミスを気づかせており，両者の違いをよく意識する必要があります。
- マネジャーは，失敗をした部下を叱るのは，その部下に二度と同じ失敗を繰り返させないためであることを常に忘れてはなりません。

ここが ポイント！

❶鈴木営業課長は，かなり感情的になりながら，部下である渡辺君を他のチームメンバーの前で強く叱責し，またかなり厳しい言葉を用いています。このようなマネジャーの態度がチームにどのような影響を及ぼすのかを考慮しながらの言動であったかは見直されるべきです。

❷佐藤営業部長は，鈴木営業課長と話をするに際し，他のメンバーに聞かれる心配のない会社外を選び，また話の最初に部下渡辺君の失敗に対する鈴木営業課長のリカバーを褒めた上で，鈴木営業課長が自己の失敗に気づくように誘導しています。常にこのような方法が有効であるとは限りませんが，部下を叱る際には参考にすることができます。

　マネジャーは，チームの責任者として，業務上の失敗をした部下や不適切な言動をしている部下を注意（叱責）しその部下が二度と同じ過ちを繰り返さないように指導することが求められます。

　マネジャーが部下に注意をする場合は，マネジャー自身がその部下本人に直接注意すべき内容を伝えるようにします。マネジャーが自ら部下に注意事項を伝えるのではなく，他の部下を経由して注意事項を伝言しようとすると，マネジャーとして本当に伝えたい真意が伝わらないおそれがあります。

　部下の中には，マネジャーから叱られることで自身の存在を否定されたと感じる者もいます。また，マネジャーに叱られる部下は，どのようなことを言われるか不安を抱くものです。場合によっては，例えば部下を叱る前に「キミは普段から職場の雰囲気に気を遣って話しやすい雰囲気作りをしていることは知っている。この職場になくてはならない存在だと思っている。」といったように，その部下の存在価値を認めることから話すことが大切です。

　部下を注意する際にも，ノンバーバルコミュニケーション（言葉以外の情報をもとに相手の心情を読み取るコミュニケーション）に留意する必要があります。ボディランゲージにはアイコンタクトが含まれ，マネジャーが部下を叱る際に，部下と目を合わせることなく話すことは，相手に不安感や不快感を与えます。

　また，部下に注意をすることは，部下に対し，自らの言動の至らない点を省みて同様の失敗を繰り返さないようにするための指導という意味が含まれています。そのことを部下に明示することによって，感情的になっているだけだと誤解されないように工夫することが必要です。さらに，マネジャーは，部下を注意する際に感情的にならないように気をつけるととも

に，部下の人間性を否定するような表現をしたり，本人の性格や体質，体型などに言及したり，家庭環境や生い立ちに触れるなど，部下に対する「個の侵害」とならないように十分な注意が必要です。「個の侵害」はパワー・ハラスメントに該当するため，部下への指導の仕方如何ではマネジャー自身が指導の対象となることがあります。

こちらもチェック！ 関連法令

・パワー・ハラスメント（刑法，民法）

　部下に対する指導や注意は，マネジャーの重要な職務の１つですが，その際には，部下に対する指導や注意がパワー・ハラスメントに該当することのないように十分な注意が必要です。マネジャーの部下に対する指導や注意がパワー・ハラスメントとされた場合，行為者であるマネジャーが暴行罪（刑法208条），傷害罪（刑法204条），名誉毀損罪（刑法230条）等，民法上の不法行為に基づく損害賠償責任（民法709条）等を問われるおそれがあり，また，事業主である会社も，安全配慮義務（労働契約法5条）違反による債務不履行責任（民法415条）または民法上の使用者責任による損害賠償責任（民法715条）を問われるおそれがあります。

　厚生労働省の「職場におけるパワー・ハラスメント防止対策についての検討会」（検討会報告書）が平成30年3月に公表した報告書では，職場のパワー・ハラスメントの行為類型として，以下の6つの行為類型が示されています。

① 暴行・傷害（身体的な攻撃）
② 脅迫・名誉毀損・侮辱・ひどい暴言（精神的な攻撃）

③　隔離・仲間外し・無視（人間関係からの切り離し）

④　業務上明らかに不要なことや遂行不可能なことの強制，仕事の妨害（過大な要求）

⑤　業務上の合理性なく，能力や経験とかけ離れた程度の低い仕事を命じることや仕事を与えないこと（過小な要求）

⑥　私的なことに過度に立ち入ること（個の侵害）

　これらの6つの行為類型について，検討会報告書では，以下のi）からiii）までの要素のいずれも満たすものを職場のパワー・ハラスメントの概念として整理されています。

i）優越的な関係に基づいて（優位性を背景に）行われること

ii）業務の適正な範囲を超えて行われること

iii）身体的若しくは精神的な苦痛を与えること，又は就業環境を害すること

　他方で，会社は，パワー・ハラスメントによって労働者の就業環境が害されることのないように，労働者からの相談に応じ，適切な対応をするために必要な措置を講じなければなりません（労働施策の総合的な推進並びに労働者の雇用の安定及び職業生活の充実等に関する法律30条の2第1項）。そして，会社は，労働者がパワー・ハラスメントの相談を行ったこと等を理由として，その労働者に対し解雇その他不利益な取扱いをしてはなりません（同条2項）。また，パワー・ハラスメントに関する紛争の解決制度や，悪質な事業者についての事業者名の公表制度なども定められています。

　以上のパワー・ハラスメントに関する規定は，大企業については2020年4月に，中小企業については2022年4月に施行される予定です。

17 反社会的勢力から不当な要求が あったときにどのように対処すべきか

分野： 業務のリスク

ケース

　Y社では，自社製品を購入した顧客のユーザー登録を受け付け，新製品の案内や修理受付等のサービスに利用しています。ユーザー登録情報は，自社のコンピュータで集中管理されており，Y社製品のユーザーから修理等の依頼を受けた場合には，店舗の端末から顧客データ（住所，氏名等を記載）を伝票として紙面にプリントアウトし，その伝票に基づいてサービスを実施し，サービスを完了して一定期間後，伝票を廃棄することになっています。

問題の発生

　Y社のカスタマーサービスを担当するカスタマーサポートセンター（CSC）では，サービス完了後の伝票をまとめて裁断し廃棄しています。

　先般，CSCの担当者は，廃棄用の伝票数百枚を段ボールに入れて「廃棄」と書いて休暇に入りました。ところが，担当者の休暇中，Y社の従業員の誰かが，「廃棄」と書かれた段ボール箱をY社の入居ビルの共用ごみ捨て場に廃棄してしまいました。

課長の対応

　その後，Y社の代表窓口を見知らぬ男が訪問してきたため，中村総務課長が一人で面会することとなりました。男は，「御社の社名が記載された内部書類と思われる書類がゴミとして捨ててあった」として，その書類を中村総務

御社の内部資料が捨てられていたのだが…

中村総務課長

課長に見せ，暗に謝礼を求めてきました。中村総務課長は，社内文書の漏えいが発覚すると会社の存続に関わる重大な問題となり，内密に処理した方がよいと考え，中村総務課長の財布から3万円を支払い，男には口外しないよう伝えました

それから少し経って，その男から中村総務課長宛に，「福利厚生に関する提案をしたいという者を紹介したいので時間をとって欲しい」との電話がありました。中村総務課長は，男との従前のやりとりを思い出し，これを断れば社内文書の漏えいを口外されるかもしれないと思い，男と面談をすることに決めました。

男は，事務機器等のリース会社の営業担当者を中村総務課長に紹介し，中村総務課長は，その営業担当者からウォーターサーバーの設置と宅配水の継続的供給契約締結を打診されました。中村総務課長は，断りにくい雰囲気を感じ，課長の決裁範囲の金額であったこともあり，その営業担当者が持参した契約書にその場で記名押印をしました。

反社会的勢力からの連絡

　契約締結から半年ほど経過したある日，中村総務課長は，見知らぬ男から電話を受けました。電話の概要は以下の通りでした。

- 自分は○○会の者である。
- Ｙ社の社内文書（個人情報含む）が売りに出ている。
- 中村総務課長が暴力団関係者から同じ書類を買い取ったとの情報を得ている。

　中村総務課長は，「○○会」について詳しくは知りませんでしたが，ニュース等でそのような名の暴力団を聞いたことがありました。中村総務課長は，このときになってはじめて大変なことになったと思い，急ぎ上司である伊藤総務部長にこのことを報告に行きました。

事後の対応

　本件については，伊藤総務部長を通じて社長以下幹部全員に周知され，Ｙ社として，○○会の者を名乗る男からの要求は拒絶することとしました。また，ウォーターサーバーのリース会社の背後関係等を調査した結果，反社会的勢力のフロント企業であることがわかったため，同社との継続的供給契約を解約することとしました。

　また，本件に対する責任をとる形でＹ社の社長が６ヶ月分の報酬，その他の幹部が３ヶ月分の報酬を自主返納することとし，ホームページを通じてそのことを公表するとともに，再発防止を徹底する旨を宣言しました。

このケースの みかた

- 反社会的勢力と関係を持った企業は，厳しい社会的制裁を受けることとなります。その結果，その企業の役員が辞任に追い込まれたり，反社会的勢力との取引を行った担当者が厳しい処分を受けたりします。

- 反社会的勢力が企業に接触する際には，企業側の落ち度に乗じてきたり，当初は受入れ可能な要求をし，徐々にその要求をエスカレートさせるといった手口がとられることがあります。担当者として対応できる要求であっても，相手が反社会的勢力であるとの疑いを抱いたときは，すぐに上長に報告をし，企業全体として対応するようにしなければなりません。

ここが ポイント！

❶ Y社は，顧客データの記載された書類を誤って一般の廃棄物として処分しています。このこと自体が個人情報の漏えいであって不祥事であるといわざるを得ません。しかしその後，中村総務課長は，見知らぬ男に対して口止め料を支払って事態をうやむやに解決しようとしており，それをきっかけとして結局は重大な結果となってしまいました。個人情報漏えいに対する責任は，しっかりと負う覚悟を持ち，事態を隠蔽しないという態度が求められた事例といえます。

❷ 中村総務課長から伊藤総務部長を通じてY社役員にこの事態が伝えられたあとは，反社会的勢力との関係解消に向けて動き出しています。暴力団を名乗る者からの要求を拒絶することは相当な抵抗が予想され，その過程では脅迫等の犯罪行為が伴うことも考えられます。その際には，警察等の協力も得ながら，企業として毅然とした対応が求められます。

3分間 解説

突然連絡を取ってきた者がどのような背景を持った者か不明な場合，安易に相手の要求に乗ってしまうと，後々思わぬ事態に発展するおそれがあります。例えば，企業が反社会的勢力と関係を持ってしまうと，最悪の場合，企業の存続自体が危ぶまれる事態に発展することがあります。

反社会的勢力については，内閣犯罪対策閣僚会議公表の「企業が反社会的勢力による被害を防止するための指針」が参考になります。この指針に

よれば，反社会的勢力は次のように整理されています。

意味
暴力，威力と詐欺的手法を駆使して経済的利益を追求する集団又は個人

具体的属性
暴力団，暴力団関係企業，総会屋，社会運動標ぼうゴロ，政治活動標ぼうゴロ，特殊知能暴力集団等

　反社会的勢力とは接触を持たないということが，基本的なスタンスとなります。しかし，反社会的勢力が一見してそれとわかるような態様で活動しているとは限りません。そこで，反社会的勢力とは知らずに接触してしまったときは，速やかに関係を断ち切ることが重要となります。関係を断ち切るとは，その者との間に商品・サービスや金銭の授受があった場合には，引き渡した物の返還を求め，受け取った物を返還し，可能な限り反社会的勢力との間の関係を完全に解消するように努めます。

　また，この事例では，ウォーターサーバーの設置および宅配水の継続供給サービスを受ける契約が結果として反社会的勢力との取引であったこと，その情報を得ていることを伝えて金銭を要求し，暗に金銭を支払わなければ反社会的勢力との取引をしている事実を公表することをほのめかして恐喝まがいのことがなされています。このように，「関係を打ち切るのであれば，反社会的勢力と関係があったことをバラす」「関係を打ち切るのであれば，手切れ金を支払え」等の脅迫がなされることもありますが，これらの行為は，犯罪に該当することもありますので，このような脅しに屈してはならないことはいうまでもありません。

　恐喝や取引の強要などの事実があった場合には，警察に連絡して連携を図り，刑事事件としての立件も視野に入れた対応を検討することが必要です。

また，仮にそのような事態には至っていないとしても，反社会的勢力ではないかとの疑いを持った場合には，警察が相手方について反社会的勢力に関する情報を把握していることがありますので，適切な解決に至る助けとなる場合があります。

　反社会的勢力から取引の申込みや金品の要求があった場合には，断固として拒絶します。

　反社会的勢力と取引をしたことが明らかになった場合には，ただちにその旨を上司に報告します。反社会的勢力と関係を持ったという事実は，企業の存亡にかかわる重大事であるため，一刻も早くその事実を経営層に知らせなければなりません。

こちらもチェック！ 関連法令

・反社会的勢力の排除（暴対法，暴力団排除条例）

　反社会的勢力への対応については，全国一律の規制として「暴力団員による不当な行為の防止等に関する法律」（暴対法），都道府県ごとの規制として暴力団排除条例（暴排条例）が定められています。暴排条例は，都道府県により内容が異なるため，営業所の所在地に適用される条例の内容を確認しておく必要があります。

　また，企業における暴力団排除の実務対応については，法務省が，反社会的勢力による被害を防止するため，基本的な理念や具体的な対応をとりまとめたものとして，「企業が反社会的勢力による被害を防止するための指針」を公表しています。

　反社会的勢力を排除するための有効な手段として，契約書や契約約款の中に，暴力団排除条項（反社条項）を設けることが挙げられます。

反社条項には，①反社会的勢力との取引を拒絶すること，②取引開始後に，相手方が反社会的勢力と判明した場合や，相手方が不当要求を行った場合には，契約を解除してその相手方との取引を終了させられることなどが定められます。

CASE 18 プライベートが原因で仕事が手に付かない部下にどう対処すべきか

分野： コミュニケーション

ケース

　Z社の店舗甲であるフロアを担当している木村君は，Z社に入社して15年以上の経験があり，その堅調な仕事ぶりに松本店長その他の社員の厚い信用を得ていました。

　木村君には，遠く離れた地で独り暮らしをしている母親があり，これまでは年に夏と冬の2回ほど母親を訪ねていました。しかし，3ヶ月前から母親が体調を崩し，1日病床に伏せていることがあり，また，短期間の入院と退院を繰り返すようになっていました。木村君には兄妹はなく，また母親の住まいの近くには親類もいなかったため，木村君は，毎朝母親に電話をしてその安否を確認するとともに，週末を使って母親の元を訪れるようになっていました。

部下の私生活に問題が発生

　木村君は，母親のことを常に気にかけるようになっていましたが，プライベートのことで会社に迷惑をかけるわけにはいかないと考え，そのことを誰にも打ち明けていません。業務時間中は，なるべく母親のことを考えないようにしてきました。しかし，ある日の朝，母親に連絡をしたところ，体調が悪化し1人ではいられないとのことだったため，木村君は自身の携帯電話で救急車を呼び，事情を話して救急搬送してもらうことにしました。結局その日，

木村君の母親は入院することとなりました。

その日，木村君は母親への対応があったために1時間ほど遅刻をして出社しましたが，松本店長へは自身の体調不良のため遅刻をしたと伝え，母親のことを伝えませんでした。店舗甲で自身の業務を開始した木村君は，明らかに業務に集中できていない様子であり，接客も上の空でしばしば客からクレームを受けていました。

業務上の問題の発生

木村君の母親は，検査をしても体調不良の原因がわからず，近くの大学病院に転院することとなり詳しい検査をすることとなりました。木村君はそのことを知った後，業務時間中も母親のことが気になるあまり，ますます仕事が手につかず，必要書類の記載を誤ったり，商品棚の価格を間違えて掲示することなどが続き，他の社員から指摘されて初めて気付くという状態でした。

他の社員から木村君が最近業務上のミスが多く仕事に集中できていないようだとの報告が松本店長に寄せられるようになったため，松本店長は木村君を会議室に呼び出して指導しました。

店長の対応

　松本店長は，木村君が失敗を繰り返しているのは業務に集中できていないからではないか，中堅社員として若手社員の手本にならなければならないのにそのようなことでは困るとやや厳しい口調で木村君を叱りました。木村君は，その指導を受けて自身を責め，松本店長の言うように自身は若手社員の見本として振る舞わなければならないにもかかわらず集中できていなかったと反省し，今後は十分に気をつけ集中して業務を進めることを松本店長に約束して仕事に戻りました。

　その後，その日は木村君もなんとか業務に集中してミスなく終えることができましたが，翌日以降から徐々にミスが多くなり，他の社員の間でも木村君の仕事ぶりに不満が溜まるようになってきました。

店舗運営課長のアドバイス

　松本店長は，木村君が仕事ぶりを改めようとしないことに腹を立てしばしば木村君を叱りましたが，改善が見られないことに悩み，佐々木店舗運営課長に相談しました。

　佐々木店舗運営課長は，松本店長から木村君が3ヶ月ほど前から業務に集中できておらず単純なミスを繰り返しており再三の指導にもかかわらず改善しないことを聞き，次のようなアドバイスをしました。

　木村君は，もともと責任感が強く慎重な性格のため業務上の失敗をほとんどしない社員であったはずで，その木村君がそのような単純なミスを繰り返すのはおかしい。なにか木村君自身やその家族など仕事外で問題が起き，それに悩んでいるのではないか。特にプライベートの悩みが極度のストレスとなり，それが行動面の反応として遅刻・欠勤や業務上のミスにつながることはよくある。むしろ，松本店長がその悩みを聞き出して木村君のストレスを緩和するとともに，業務上の調整をすることが重要なのではないか。

対応と解決

　松本店長は，佐々木店舗運営課長の話を聞いた翌日，早速木村君にそれとなくプライベートでの悩みがないかを聞いたところ，木村君は少しずつここ3ヶ月間の母親の状況を話し出し，できれば週末以外の日にも年次有給休暇を利用して母親の元に行きたいと願い出ました。

　松本店長は，木村君からその話を聞き，店舗内の業務を整理して木村君の業務量を調整するとともに，木村君を気にかけてときどき母親の話を聞き出すようにしました。その後，木村君は，そのように調整してくれたことに感謝をするとともに，業務時間中は極力仕事に集中するようにして仕事上のミスをなくしていきました。

このケースの みかた

- 何度もミスを繰り返す部下にどう対応すべきかは難しい問題ですが，マネジャーはこの問題を放置してはならず，解決に導かなければなりません。
- 部下がミスを繰り返すことがストレス反応であり，そのストレス要因がプライベートにあるかもしれないという視点を持つことは重要です。

ここが ポイント！

❶業務経験豊富な木村君は，その責任感から自身に起きているプライベート上の問題を松本店長や職場の人に打ち明けられずにいることにも問題はあります。様々な性格や個性の部下をマネジメントすることが求められており，マネジャーとしてはそれぞれの部下の性格などをよく理解して対応する必要があります。

❷マネジャーとしては，30代から50代の部下の中には，その親が高齢となりその介護等を行っている者も少なからずいるということは，念頭に

置くべきでしょう。このケースの木村君のように，親の体調不良が気になって業務に支障を来すことも十分考えられるため，「プライベートを仕事に持ち込むな」などと頭ごなしに叱りつけるだけでは問題の解決にならないこともあります。職場の他の社員とも必要に応じてその情報を共有し，可能な範囲で業務の調整をすることなどが求められます。

3分間 解説

松本店長は，仕事上のミスを繰り返す木村君を叱責していますが，それだけでは木村君のミスは改善していません。ミスをした部下を叱ることはマネジャーの重要な仕事のひとつですが，部下がミスをする原因を考えずに厳しい叱責を繰り返すことは効果が望めないだけでなく，その部下のモチベーションにも悪い影響を与えます。

部下がミスを繰り返すようなときに，その原因が部下のストレスにあることがあります。ストレス要因（ストレッサー）によって身体面，心理面または行動面における変化が生じることをストレス反応といいます。

＜ストレス反応＞

種類	具体例
身体面の反応	頭痛，肩こり，動悸・息切れ，胃痛，便秘・下痢，食欲低下，不眠など
心理面の反応	活気の低下，不安，緊張，抑うつ（気分の落込み，無気力）など
行動面の反応	飲酒・喫煙の量の増加，遅刻・欠勤の増加，仕事上のミスや事故の増加など

部下の中に，急に仕事上のミスが目立つようになった者がいる場合，マネジャーは，それがストレス反応としての行動面の現れではないかと考えてみることが重要です。このケースでは，松本店長は再三の指導にもかかわらず木村君のミスが減少しないことで悩み，佐々木店舗運営課長に相談

しています。佐々木店舗運営課長のアドバイスに基づいて，木村君にプライベートでの悩みを聞き出して対応を考えた結果，問題が解決しました。このように，必要に応じて，他人には知られていない自身の事情を開示してもらうことで，よりよいコミュニケーションや問題解決につながることがあります。

　ただし，部下のプライベートをマネジャーが聞き出す場合には，それが「個の侵害」とならないように気をつけなければなりません。部下が話したがらないことをしつこく何度も聞き出そうとしたりすると，個の侵害としてパワー・ハラスメントとなるおそれがあります。マネジャーは，日頃から部下との間に信頼関係を築き，必要であればプライベートのことも聞くことができるようにしておくことが大切です。

こちらもチェック！ 関連法令

・年次有給休暇

　年次有給休暇は，労働者の心身の疲労を回復させ，労働力の維持培養を図るとともに，ゆとりある生活の実現にも資するという趣旨から，労働基準法に基づき，一定の要件（6ヶ月以上継続勤務し，全労働日の8割以上の出勤）を満たした労働者に，一定日数（10労働日）が権利として発生するものです（労働基準法39条）。

　年次有給休暇の権利（年休権）は，労働基準法所定の要件を満たした労働者に法律上当然に発生する権利であり，年次有給休暇の利用目的について使用者の干渉は許されません。

　労働者は，時季を指定して年次有給休暇を請求することができ，使用者は，労働者から請求された時季に年次有給休暇を与えなければなりません（ただし，労働者から請求された時季に年次有給休暇を与えることが事業の正常な運営を妨げる場合に限り，他の時季にこれを与

えることができます（時季変更権））。

　使用者は，10日以上の年次有給休暇が付与される労働者に対し，年次有給休暇のうち5日は，有給休暇を使う時季を指定しなければなりません（労働者が自ら指定して取得した日などについては除きます）。使用者がこれに違反した場合，罰則の対象となります。

CASE

18

プライベートが原因で仕事が手に付かない
部下にどう対処すべきか

19 部下に共同作業を指示するときには どのようなことに注意すべきか

分野： コミュニケーション チームのマネジメント

ケース

3月下旬頃，Z社では，ホームページをリニューアルして新商品などの販売促進を強化することになりました。広報部は，各課に分担してホームページ用のコンテンツの作成を依頼しました。営業部では，山田営業課長が本件の担当となり，具体的な作業内容がチームメンバーに割り振られました。

山田営業課長は，営業課の担当部分のうち，Z社が新たに売り出そうとする重要な商品に関するコンテンツの作成を井上君，山崎君および阿部さんの3名に共同で取り組むように指示をしました。

問題の発覚と初期対応

4月初旬，山田営業課長は，遠隔地に所在する会社との間で，新商品を新規に取り扱うに当たっての条件を交渉するため，1泊2日の予定で出張をしました。

山田営業課長は，出張先に向かう途中の列車内で，井上君から携帯電話の着信がありました。その電話で山田営業課長は，井上君から，Z社のホームページの中に，営業課の担当部分に重大な誤りが発見され，顧客の誤解を招くおそれがあるため，至急修正する必要があるとの報告を受けました。そこで，山田営業課長は，井上君に指示をして，至急その誤りを修正してホームページを更新する手配をするように指示をしました。

山田営業課長

事実確認

　出張から戻った山田営業課長は，再発防止を図るために，まずは事実関係を確認することとし，担当した3人から事情を聞き取ったところ，以下の事実が判明しました。

> 　井上君，山崎君，阿部さんは，コンテンツを作成するに当たり，必要な作業を分担し，それぞれの作業が終わったら，実際に作業を行った以外の者がその内容を確認することとしていました。
>
> 　ところが，その確認をする際に，作成した内容に関する根本資料を確認しなかったため，記載されているデータや数値の正確性が確認されないまま，ホームページで公開されました。
>
> 　ホームページ公開後，商品部からの指摘で，商品紹介の情報に誤りがあることが判明しました。

事後対応

　山田営業課長は，井上君らから聴取した情報から，複数人で共同作業をする場合に気をつけるべきことが部下の間で守られていないと考え，その点について注意しました。

CASE
19
部下に共同作業を指示するときには
どのようなことに注意すべきか

- 複数のチームメンバーに仕事を割り振ることは，日常的に行われています。複数人による業務分担は，明確な役割分担や相互のチェックをしっかりと行えば，時間短縮や業務の効率化につながります。
- しかし，それぞれの担う役割が不明確なまま業務を進めると，行うべき仕事が抜け落ちたり，重複した作業を同時に進めてしまうといったことが生じます。
- また，相互のチェックも，それぞれに一次資料にさかのぼって確認をするようにしないと，せっかくチェックをしても無意味となりかねません。

ここが **ポイント！**

❶ 山田営業課長の出張中に行われた井上君，山崎君，阿部さんによるホームページ更新作業でミスがありました。山田営業課長が業務を指示する際にしっかりと役割分担を決めていたのか，原稿のチェック方法を指示していたのかに疑問があります。

❷ ホームページで外部に公開する情報は，自社の公式な情報の開示となるため，間違いは許されません。そのチェック方法として，一次情報である根本資料を確認するという作業をしっかりと行う必要があります。

3分間 **解説**

　実務上，複数人で１つの作業を分担して行うことがあります。作業が分割可能であれば，分割して複数人で分担して作業を進めていくことは，効率的に仕事を進める上でも重要なことです。

　また，このような共同作業は，お互いがそれぞれの仕事の結果をチェックし合えるため，きちんとしたチェック体制が整えば，ミスを軽減する有効な方法といえます。

しかし，共同作業を行う上で注意をしなければならないのは，他人への依存による手抜きです。故意に手を抜くのではなく，無意識のうちに他の作業者への依存が生じ，しなければならないチェックがおろそかになったり，作業の手を抜いたりすることがあります。

　このような実態には社会心理学上の根拠があり，リンゲルマン効果と呼ばれています。リンゲルマン効果とは，単独で作業をするよりも集団で作業をするほうが1人当たりの作業量は低下し，集団における共同作業においては，集団の人数が増えるほどその構成員1人当たりの作業量は低下するという現象をいいます。リンゲルマン効果は，「社会的手抜き」や「社会的怠惰」と呼ばれることがあります。

　マネジャーは，部下に共同作業を指示する場合には，このような心理に十分注意を払うことが求められます。なぜなら，共同作業による相互依存に基づく手抜きは，重大事故に発展する可能性があるからです。そのため，作業を指示するマネジャーは，わかりやすく明確な役割分担を決めて表などにまとめて常にそれを確認できるようにし，それを相互に実施したか否かの点検をすることを励行するよう指示します。

20 製品に不具合があったときに どうすべきか

ケース

　家電販売会社であるＺ社では，美容・健康関連商品の売上が好調であることから，新たに自社のプライベートブランド（ＰＢ）として，低廉な価格で美容・健康関連商品のラインナップを順次展開することになりました。Ｚ社は，その第一弾として電動歯ブラシ甲を販売することを決定し，その開発・製造をＹ社に委託しました。電動歯ブラシ甲のパッケージには，Ｚ社の美容・健康関連商品ブランドを示すデザインを付し，その製造販売業者としてＺ社の社名が表示されることになりました。電動歯ブラシ甲の開発・製造は予定通り進み，Ｚ社の店舗で販売が開始され，大きな反響を呼び，順調な売れ行きを示しています。

問題の発生

　電動歯ブラシ甲の販売を開始してから数週間が経ったある日，店舗運営課に複数の店舗から電動歯ブラシ甲についてのクレームが複数来ているとの連絡が入りました。クレームは，いずれも「この電動歯ブラシを購入した客から，歯ブラシの部分が外れて口に裂傷を負った」というものでした。

初期対応

　佐々木店舗運営課長は，クレームの連絡を受けてすぐに，電動歯ブラシ甲の開発・製造をしたＹ社の責任者にクレーム内容を告げ，調査を依頼しました。

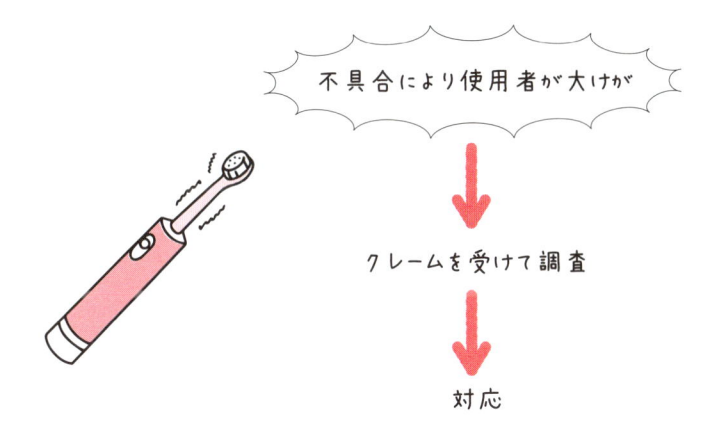

不具合により使用者が大けが

↓

クレームを受けて調査

↓

対応

そして佐々木店舗運営課長は，クレームの連絡を受けた店舗の担当者からクレームの詳細を聞くために，最も近い店舗に向かいました。

クレームを直接受けた担当者によれば，「電動歯ブラシ甲を使わせていた小学生の子供が，歯ブラシ部分が外れて剥き出しになった部品で歯茎を傷つけた。治療を受けているがしばらく普通の食事ができず流動食のようなものを食べさせなければならない。どう責任を取ってくれるのか」とかなりの剣幕であり，その顧客に対しては，「事実関係を調査し折り返し連絡をする」と伝えてあるとのことでした。

佐々木店舗運営課長は大変な事態になったと考え，上司である小林営業部長にこれまでの経緯を報告し対応について相談しました。小林営業部長は，すぐに社長に連絡をして会社としての方針を決めるから，佐々木店舗運営課長には，事実関係の調査を継続するとともに，広報部と連携して電動歯ブラシ甲の不具合に関するニュースリリースの準備を進めるように指示をしました。

不具合の原因と事後の対応

Y社による調査の結果，電動歯ブラシ甲の不具合の原因は，製造過程における人為的なミスにより，出荷した電動歯ブラシ甲の一部のロットの中に電

動歯ブラシ内のネジが外れているものが含まれていたことにあると判明しました。不具合の責任は、Y社にあることが明確になりましたが、クレームを受け付ける第一次的な窓口は引き続きZ社が引き受けることになりました。不具合の原因が明確になったことから、Z社では、次の方針で被害を受けた顧客へ対応する方針を決定しました。

①不具合の有無を問わず電動歯ブラシ甲の返品・返金にはすべて応じる。
②不具合に起因して顧客に生じた被害の全額をZ社が補償する。
③不具合による被害が拡大することを防止するためにニュースリリースを公表する。

その後、Z社では、広報部が準備していた「電動歯ブラシ甲の不具合について」と題するニュースリリースをインターネット上のZ社のホームページにて公開するとともに、社内に本件に関する問い合わせを受け付ける相談窓口を設置しました。

Z社は、この不具合への顧客対応のために相当の社内リソースを割き全社的に混乱の収拾にあたりました。その結果、1ヶ月程度で電動歯ブラシ甲の大半を回収することができました。そして、その頃には、不具合による被害者の数やその被害を補償するために必要な金銭の総額が、徐々に明らかになってきました。

この段階になって、Z社内では、今回の不具合によりZ社が被った損害をY社に賠償してもらう必要があるとの意見が相次ぎ、本件不具合についての責任の所在について法務部門が整理することとなりました。

このケースの みかた

● メーカーは、その製造した製品や商品に欠陥があって消費者などに損害

を生じさせた場合には，その損害を賠償する責任を負います。いわゆる製造物責任（Product Liability（PL））です。この製造物責任は，メーカー等の製造物を作ったり加工した者だけでなく，プライベートブランド（PB）として他社に製造させた製品を自社のブランドで販売している者（本ケースのZ社）も負います。

● 本ケースのような製造過程における人為的ミスのほかに，設計上の欠陥や，取扱説明書の書き方が不十分または不正確であることも，製造物責任の対象となります。

ここが ポイント！

❶ 本ケースにおける歯ブラシは，Y社が製造しZ社がそのブランドで販売しています。歯ブラシは，Y社がその製造過程で人為的ミスを犯して，使用した者が怪我をする危険な状態で出荷されていますから，本ケースにより被害者に生じた損害についてY社が責任を負うのは当然です。しかし，Z社も自らのブランドとして販売している以上，被害者との関係ではZ社も責任を負います。

❷ Z社としては，自社の商品（PB）によって客に重傷を負わせていますので，その被害を補償しなければなりません。また，もう一つ重要なことは，購入した客に注意喚起をし，歯ブラシを回収することです。

❸ このような問題が生じた場合には，速やかに対応方針を定める必要があります。Z社とY社との間では，クレームの第一次的受付窓口をZ社と定めています。また，Z社は，速やかにニュースリリースを公表して，被害の拡大を防止するための対応をしています。

3分間 解説

製造物に欠陥があるためにその利用者が怪我をしたような場合，被害者は，その製造物のメーカーに対して，怪我の治療のために支払った費用等

の損害賠償を請求することができます。損害賠償請求の法的根拠としては，民法および製造物責任法があります。

　まず，民法は，「故意又は過失によって他人の権利又は法律上保護される利益を侵害した者は，これによって生じた損害を賠償する責任を負う」と規定しています（不法行為，民法709条）。被害者は，メーカーに不法行為に基づく損害賠償請求を行うためには，メーカーの故意または過失，およびメーカーの行為と損害との因果関係を被害者が証明しなければなりません。しかし，この証明は，一般に非常に困難であるとされています。

　これに対し，製造物責任法に基づく損害賠償責任は，民法の不法行為に基づく損害賠償責任に比べると，証明が容易であるといわれています。製造物責任法では，「製造業者等は，その製造，加工，輸入等をした製造物であって，その引き渡したものの欠陥により他人の生命，身体または財産を侵害したときは，これによって生じた損害を賠償する責めに任ずる」と規定しています（製造物責任法3条）。

　この規定において，まず，製造物とは，製造または加工された動産をいいます。製造または加工された動産に該当するものの典型は，大量生産，大量消費されることを前提に作られる工業製品です。

　次に欠陥とは，当該製造物が通常有すべき安全性を欠いていることをいいます。欠陥には，①設計上の欠陥，②製造上の欠陥，③指示警告上の欠陥の3つがあります。

①設計上の欠陥	製造物を設計する時点での欠陥
②製造上の欠陥	設計には問題がなかったがその設計どおりに製造されずに生じた欠陥
③指示警告上の欠陥	その製品に存在する危険を取扱説明書や警告ラベルの貼付等により消費者に報せなかったこと

　製造物責任法の責任を負う「製造業者等」は，製造物を製造したメーカーなどがこれに当たりますが，メーカー以外であっても「製造業者等」と

して製造物責任法上の責任を追及されることがあります。具体的には，次の者が製造業者等に該当します。

①当該製造物を業として製造・加工または輸入した者
②製造業者として当該製造物にその氏名・商号・商標その他の表示をした者または当該製造物にその製造業者と誤認させるような氏名等の表示をした者（表示製造業者）
③当該製造物の製造・加工・輸入または販売その他の事情から当該製造物にその実質的な製造業者と認めることのできる表示をした者（実質的製造業者）

本ケースでは，Z社は，電動歯ブラシという製造物に，製造販売業者として表示されていますから，上記の表示製造業者に該当します。そして，電動歯ブラシ内のネジが外れていたという欠陥により購入して使用した人の口に裂傷を負わせたのですから，Z社は，被害を受けた人に対し，製造物責任法に基づき損害賠償責任を負います。

こちらもチェック！ 関連法令

・債務不履行責任

電動歯ブラシの購入者＝被害者である場合，Z社と購入者の間には電動歯ブラシの売買契約が成立しており，被害者は，売買契約の債務不履行に基づく損害賠償を請求することができます（民法415条）。

本ケースの事故の原因は，Z社の委託を受けたY社が開発・製造した電動歯ブラシ内のネジが外れていたことにあります。したがって，被害者に対して最終的な損害賠償責任を負うのはY社です。Z社としては，Y社との間の電動歯ブラシの開発・製造契約に対する債務不履行を理由として，Y社に対し，問題解決に要した費用について，損害賠償請求をすることができます。

21 チームの業務量が急増したときに どのような点に注意すべきか

分野： 職場のリスク チームのマネジメント

ケース

　X社は，昨今のスマートフォンやタブレット，携帯用ゲーム機の需要拡大などによって，自社が供給する精密機器の受注が非常に多くなっています。しかし，人員の補充が業務量の増大に追いつかず，全社的に人手不足の状況が続いています。

　X社の取引先が増え，また発注量も増大していることから，営業部門の業務も大幅に増加しています。しかし，X社の製造部門への人員の補充に比べ，営業部門の人員補充は追いついていません。そのため，営業部門のメンバーがこなさなければならない仕事の量も増え続けています。

　鈴木営業課長が率いる営業課においてもその状況は変わらず，新規取引先を主に担当している高橋主任と重要顧客であるY社を担当している田中さんの業務量が突出して多くなっています。

業務量の増大

　高橋主任は，X社の製品をこれまで取引のなかった先に紹介して新規顧客を開拓していましたが，近時は見込み客の問い合わせや出張をしての製品プレゼンテーションの仕事が相当数入ってきており，その対応のためにほとんど休むことができていない状況です。日中は顧客対応に忙殺されるため，書類作成の作業等を定時後にまとめて行うこととなるため，毎日終電間近の時

高橋主任

田中さん

残業は3週で120時間超

過労により意識を失う

残業は3週で80時間超

体調不良

間まで残業をしています。

　一方，田中さんは，Ｘ社の重要顧客であるＹ社を担当しています。Ｙ社との取引については，田中さんを含む3人で業務を行っていましたが，Ｘ社全体の業務量増大に伴う部署間の人員調整の結果，Ｙ社関係の仕事はもっぱら田中さんが担当し，ときどき鈴木営業課長がそれを手伝うという状況です。Ｙ社との取引内容は広範にわたっていることから，田中さんはＹ社を訪問する機会も多く，高橋主任と同様に営業関係の書類作成等を定時後に行う日々が続いています。

問題の発生（高橋主任）
　Ｘ社の決算時期が近づいてきた3月初旬頃，鈴木営業課長は，高橋主任が出張先のホテルで意識を失って倒れたとの連絡を受けました。高橋主任は病院の緊急外来に運ばれましたが，過労によるものと診断され，点滴を受けて回復し，高橋主任から鈴木営業課長に連絡が来たときにはすでにホテルに戻っていたとのことです。

鈴木営業課長は，高橋主任から「最近，仕事が終わるのが深夜に及ぶことが多く，あまりしっかりと眠れない日が続いていました。眠りにつくために飲むお酒の量も徐々に増えており，かえって眠りが浅くなって朝起きても疲れがとれた感じがしない」と聞かされており，体調には十分気をつけるようにと高橋主任には伝えていました。もっとも，鈴木営業課長から見ても高橋主任の業務量は異常と感じる程であり，営業課のメンバーを増やすことが難しい以上，高橋主任の業務量を削減しなければならないと感じています。

高橋主任への対応

　鈴木営業課長が高橋主任の勤怠を確認したところ，高橋主任は倒れる直前3週間の残業時間が120時間を超えていることがわかり，時間外労働に関する規制への対応としても残業時間削減は急務と思われました。

　そこで，鈴木営業課長は，高橋主任と打ち合わせをする時間を設け，高橋主任が行っている業務のうち，他の従業員に分担させられる作業はないか，また合理化できる仕事はないかを洗い出して，高橋主任の負担を軽くすることとしました。例えば，顧客に提出しなければならない書類以外のX社内の処理に要する書類等はできるだけ簡略化し，日報や週報は予定を共有できるスケジュールソフトへの記入のみとすることとして廃止しました。

問題の発生（田中さん）

　その数日後，今度は田中さんが始業時間に体調不良の連絡をしてきました。風邪を引いて38度以上の熱が出たため，病院に行って体調を整えたいので，休ませて欲しいとのことです。ただ，前の日に処理を仕切れなかったY社からの発注書がいくつかあり，それを鈴木営業課長に代わりに処理しておいて欲しいとのことでしたので，鈴木営業課長が田中さんの代わりにY社からの発注を処理することとし，田中さんにはしっかりと休んで体調を整えるように伝えました。

田中さんへの対応

　鈴木営業課長が改めて田中さんの勤怠を確認したところ，やはり直近3週間の残業時間は80時間を超えていることがわかりました。従来3人で行っていた業務を田中さんひとりで行わせることはやはり無理があり，他に田中さんの仕事を割り振ることができるメンバーがいないことから，鈴木営業課長自身が田中さんとともにY社関連の仕事をすることとし，田中さんとの間でその分担を決めて仕事を進めることとしました。

X社としての対応

　また，X社としても，同社で締結・届出をしている三六協定の内容を従業員代表者と協議のうえで見直し，再度締結・届出を行うとともに，全従業員の残業時間が，同協定で定める限度時間を超えないように管理を徹底することとしました。

このケースの みかた

- 業務量の増え方に対して，人的リソースの増強が追いつかないことがあります。そのような場合，マネジャーは，チーム内の業務の割り振りを見直して，特定のメンバーに業務が過度に集中していないかを確認する必要があります。
- 業務量の急増によってチームメンバーの業務量が急激に増えることを想定し，日頃から，合理化できる仕事の洗い出しや，業務分担の見直しをするなど，部下の負担を軽くする意識を持つことが重要です。

ここが ポイント！

❶鈴木営業課長は，高橋主任と田中さんの業務が過剰になっている状況を見てそれぞれ見直しをしています。高橋主任については，従来の業務の

中で省略できるものをピックアップして合理化しています。また，田中さんについては，鈴木営業課長自身がその業務の一部を担うことで田中さんの負担を軽減しています。

❷ 高橋主任の直近3週間の時間外労働時間が120時間を超過している状況は異常です。本来であれば，高橋主任が倒れる前にその状況に気づき改善をすべきであったといえます。

3分間 解説

　会社は，労働者に対し，原則として1日に8時間を超えて労働させてはならず（労働基準法32条2項），1週間に40時間を超えて労働させてはなりません（同条1項，いずれも休憩時間を除く）。このような基本となる労働時間を法定労働時間といいます。これに対し，各企業の就業規則等で定められている就業時間は，所定労働時間と呼ばれます。所定労働時間は，法定労働時間の範囲内で定めなければなりません。

　また，会社は，労働者に対して，毎週少なくとも1回の休日（週休制の原則）か，4週間を通じて4日以上の休日（変形週休制）を与えなければなりません（労働基準法35条）。

　法定労働時間を超えて労働したり，休日に労働する必要が生じることがあります。この場合，労働基準法上，①三六協定を締結し，②就業規則等に法定労働時間外労働・休日労働が規定され，③割増賃金を支払うといった要件を満たせば，法定労働時間外労働や休日労働をさせることが認められます。

| ①三六協定の締結 | 労働者の過半数で組織する労働組合がある場合においてはその労働組合，それがない場合には労働者の過半数を代表する者との間で書面にて協定を締結し，これを行政官庁（所轄労働基準監督署長）に届け出ます。労働基準法36条に規定されていることから，三六協定と呼ばれています。 |

②法定労働時間外労働・休日労働の定め	労働協約，就業規則もしくは労働契約等において，法定労働時間外労働・休日労働をさせることが労働契約の内容に含まれていることが必要です。
③割増賃金の支払い	法定労働時間外労働・休日労働をさせた場合には，所定の割増率で計算した賃金（割増賃金）を支払わなければなりません。

こちらもチェック！ 関連法令

・時間外労働に対する規制（労働基準法）

　労働基準法上，三六協定に基づき，法定労働時間外労働や休日労働をさせることが認められます。

　ただし，高橋主任の直前3週間の残業時間は120時間を超えています。このような状態は，労働基準法違反となり，6ヶ月以下の懲役または30万円以下の罰金の対象となります（労働基準法36条3項～6項・119条）。

時間外労働の上限規制

① 時間外労働の上限は，月45時間，年360時間を原則とし，臨時的な特別の事情がなければ，これを超えてはならない（特別の事情により月45時間を超えられるのは年間6ヶ月まで）。
② 臨時的な特別の事情がある場合であっても
  • 年間は720時間以内
  • 単月は，法定休日労働を含んで100時間未満が基準
  • 複数月平均は，法定休日労働を含んで80時間以内

22 廃棄物を処理するとき どのようなことに注意すべきか

分野： 業務のリスク

ケース

　一般消費者向け商品のメーカーであるＹ社では，近年の不況の影響を受けて受注数が減少し，工場における製品の製造数量も減少しています。

　Ｙ社工場の製品の生産工程は，Ⅰ工程，Ⅱ工程，Ⅲ工程，Ⅳ工程の４工程があり，すべての生産過程で廃材が発生します。Ｙ社では，マニュアルに基づき，各工程で発生するこれらの廃材を次の工程で使用できるように再生利用することとしていますが，最終のⅣ工程では，再生利用ができない少量の廃棄物が生じています。Ｙ社は，業務マニュアルに基づき，Ⅳ工程で発生した廃棄物の収集または運搬を，Ｙ社の所在地を管轄する都道府県知事の許可を受けた廃棄物処理事業者に委託しています。収益の改善に取り組むＹ社では，廃棄物処理業者に委託するコストをどのように圧縮するかが課題の１つとなっています。

コスト削減の提案

　そのような折，Ｙ社の中村総務課長のもとに，ある工場の工場長から次の照会がありました。

　当社では，製造過程で生じる廃材については，再生利用等を行うことによりその減量に努めていますが，最終的には，どうしても廃棄物が発生します。これらの廃棄物は，有害な成分を含むものではありません。
　また，これらの廃棄物の発生は，ごく少量のものです。とはいえ，その処理

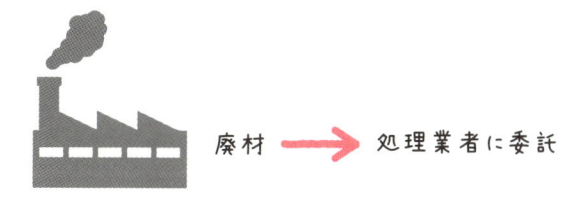

廃材 ➡ 処理業者に委託

自社で処理できれば
コスト削減できるかも？

中村総務課長

をするにあたっては，年間，廃棄物処理業者に対し，相当の費用が計上され
ています。

そこで，現在，廃棄物の収集または運搬を，当社が委託している廃棄物処
理業者ではなく，別の業者に委託することを検討するのも重要と思われます。
こうした業者について，何社か見積りをとってみたところ，α社が最も安い
価格を提示してきました。α社は，都道府県知事の許可を得ていない廃棄物
処理業者ですが，見積りを提示した他の廃棄物処理業者と比べて半値程度の
価格を提示しています。

また，廃棄物の処理コストを低減させるための別の方策として，廃棄物の
処理を当社自ら行うことも考えられます。具体的には，当社の工場裏の敷地
内にデッドスペースとなっている区画があります。その区画の地面に相当の
深さの穴を作り，これらの廃棄物をその穴に廃棄することとすれば，数年間は，
廃棄物の処理費用をカットすることができ，コスト削減の観点からも大いに
寄与する考えだと思います。

廃棄物の処理に関しては，例えば，公共の場所，山間部や海洋などに投棄
すれば，不法投棄などの問題で法的な責任を問われますが，本件の場合，当

社が，自社所有の敷地内の地中に埋めるため問題ありません。また，当社製品の製造過程において生じる廃棄物は，有害な成分を含みませんので，これらを地中に埋めても有毒ガスなどが発生することはありません。つまり，当社が，製品製造過程で生じたごく少量の廃棄物を当社所有の敷地内の地中に埋めても他者に迷惑は掛かりませんし，不法投棄として法的責任を問われることはないと考えます。コスト削減の観点からも，こうした廃棄物の処理方法の実施を承認してほしいと思い相談させていただきました。

提案の検討

これを受け，中村総務課長は，伊藤総務部長と相談の上，工場長から提案のあった次の2点に関して，その実施の可否を検討することとしました。

- Y社工場における生産過程で生じる廃棄物の収集または運搬を α 社に委託すること
- Y社工場における生産過程で生じる廃棄物を，Y社所有の敷地内の地中に埋めること

このケースの みかた

- 排出事業者は，産業廃棄物の処理を他の事業者に委託する場合，廃棄物処理法の委託基準を守る義務があります。廃棄物の処理を委託された事業者が，不法投棄等の不適正な処理をした場合には，実際に不法投棄等をした処理業者だけでなく，廃棄物を排出し，その処理を委託した事業者にも責任が生じます。
- 環境保全は，企業活動において避けることのできない重要な課題の1つです。環境保全に関して企業活動に対する様々な法律上の規制が課され，企業が健全なビジネス活動を展開・継続するに当たっては，環境保全関

連法令への対応が必要となります。

ここが ポイント！

❶本事例において，中村総務課長は，Y社工場における生産過程で生じる廃棄物の処理を，Y社の管轄都道府県知事の許可を受けていないα社に委託することを検討していますが，所定の許可を受けていない事業者に産業廃棄物の処理を委託することは，廃棄物処理法違反となります。

❷本事例において，中村総務課長は，Y社工場における生産過程で生じる廃棄物の処理を，自社所有の敷地内の地中に埋めることを検討していますが，廃棄物を自社所有の土地に埋めることは，廃棄物処理法違反となります。

3分間 解説

　廃棄物の取扱いは，廃棄物処理法で規定されており，同法に違反して廃棄物を処理すると「不法投棄」となります。本事例では，自社所有の敷地内の地中に，廃棄物を埋めることが検討されています。たとえ自社所有の敷地内であっても，廃棄物を埋め立てる行為は最終処分に当たります。最終処分場としての設置許可を得ずに廃棄物を埋める行為は，廃棄物処理法で定められた処分場以外の場所に廃棄物を投棄することとなり，不法投棄に該当します。

　廃棄物を地中に埋める行為は，廃棄物処理法8条または15条に基づき都道府県知事の許可を得た場所に，処理基準を遵守して行う必要があります。

　本事例では，Y社は，廃棄物の収集または運搬を，都道府県知事の許可を得ていないα社に委託することを検討しています。他の事業者の委託を受けて産業廃棄物の収集または運搬を業として行おうとする者は，原則

として，当該業を行おうとする区域を管轄する都道府県知事の許可を受けなければなりません。したがって，本事例におけるY社は，排出した産業廃棄物の収集または運搬を他の事業者に委託する場合，Y社の事業所を管轄する都道府県知事の許可を得ている事業者に委託する必要があり，当該許可を得ていないα社に廃棄物の収集または運搬を委託することはできません。

こちらもチェック！ 関連法令

・産業廃棄物の取扱い（廃棄物の処理及び清掃に関する法律（廃棄物処理法））

　産業廃棄物とは，事業活動に伴って生じた廃棄物のうち，燃え殻，廃プラスチック類その他政令で定める廃棄物，または輸入された廃棄物をいいます（廃棄物処理法2条4項）。事業者は，原則として，その事業活動に伴って生じた産業廃棄物を自らの責任において適正に処理する必要があります。ただし，自ら処理できない場合，都道府県知事または所定の市の市長が許可した産業廃棄物処理業者にその処理を委託することができます。

　事業者は，その事業活動に伴って生じる産業廃棄物の処理を産業廃棄物処理業者に委託する場合，原則として，環境省令で定めるところにより，当該委託にかかる産業廃棄物の引渡しと同時に，産業廃棄物処理業者に対し，産業廃棄物の種類および数量，運搬または処分を受託した者の氏名または名称等の所定の事項を記載した産業廃棄物管理票（マニフェスト）を交付しなければなりません（廃棄物処理法12条の3）。マニフェストは，産業廃棄物の処理が適正に行われたか否かを確認するために作成される書類です。産業廃棄物を排出した事業者は，マニフェストを作成し，委託した産業廃棄物の処理が適正に行われたか否かを確認する必要があります。

マニフェストを交付せずに産業廃棄物の処理を委託すると，廃棄物処理法に違反し，改善勧告を受けたり，措置命令を受ける場合があります。

　他方，産業廃棄物の処理の委託を受けた産業廃棄物処理業者は，委託された業務をいつ完了したかという情報をマニフェストに記載して返送する必要があります。

　こうしたマニフェスト制度によって，産業廃棄物の最終処理を確認することができ，不法投棄や環境汚染のおそれのある不適正な処理を予防することが期待されています。

　廃棄物処理法上，マニフェストについては，５年間の保存義務が規定されています。

23 部下がインフルエンザに罹患したときにどうすべきか

分野： 職場のリスク

ケース

その年の冬は特に寒く，風邪が蔓延しておりインフルエンザの流行が予想されていました。Y社は，インフルエンザが社内で流行した場合の業務の停滞をおそれ，全従業員にマスクの着用を推奨するとともに，従業員出入り口に速乾性の消毒用アルコールを備え置いて入室時に手指の消毒をするよう促すなどの対策をしていました。

ある地方でインフルエンザによる学級閉鎖などが報道され始めたため，Y社では，総務部が中心となって，インフルエンザの予防接種を全従業員に呼びかけ，管理職には予防接種を義務付け，その他の従業員にはなるべく予防接種を受けるように通達しました。総務部の熱心な働きかけによってほとんどの従業員がインフルエンザの予防接種を受けるに至りました。

問題の発生

加藤君は，インフルエンザの予防接種を受けていたにもかかわらず，高熱を発して病院の診察を受けたところインフルエンザに罹患していることが判明しました。加藤君が罹患していたのは，予防接種を受けていたインフルエンザとは型の異なる新型のインフルエンザであり，発症する数日前にはすでにウイルスが潜伏していた可能性があることがわかりました。

インフルエンザの蔓延 ➡ 部下がインフルエンザに罹患

5日間の出勤停止を指示

中村総務課長

初期対応

中村総務課長は，加藤君から新型インフルエンザに罹患したとの連絡を受け，加藤君を5日間の出勤停止とし自宅で安静にするように指示しました。

Y社では，数年前のインフルエンザが流行した年に一応インフルエンザに関するBCP（Business Continuity Plan：事業継続計画）は作成していましたが，その内容は十分なものではなく，新型インフルエンザ罹患者がその従業員に出た場合の具体的対応が明確ではありませんでした。そのため，総務課としては，すべての部署の管理職宛に「新型インフルエンザに罹患した者が出たために各部で十分注意すること」という通知をするにとどめました。

事後の対応

しかしその後，他の部署でも新型インフルエンザに罹患したため欠勤する者が現れ，総務部としても何らかの対応が必要となりました。

まず，各部署の管理職に対し，すべての従業員に出勤前の体温計測を要請し，発熱が認められる場合には出勤を見合わせるよう伝えることとしました。また，

その結果として欠勤者が複数にわたる場合には，取引先等に連絡をし，打ち合わせ等のうち日程を後日に調整することができるものがないか確認をし，可能な限りスケジュールの再調整をするよう各部署に伝達しました。さらに，従業員の自宅での勤務が可能な業務については在宅勤務を許可することとし，その部署の管理職には在宅勤務者の勤怠管理を徹底するように指示しました。

　中村総務課長が主導して行った上記の対策が功を奏し，Ｙ社内で２名以外に新型インフルエンザへの感染者が出ることもなく，また取引先に対して納期遅延等のトラブルが生じることもありませんでした。

再発防止策

　総務部としては，インフルエンザ流行期におけるＢＣＰが必ずしもしっかりと機能せず，対応が場当たり的となったことが問題とされました。特に，明確なルールを定めることなく在宅勤務を実施をしたことは，Ｙ社として従業員の勤怠管理が不明確となるリスクが多分にあることが問題視されました。

　また，今回は管理職に感染者が出ず，また最終的には２名の感染者にとどまったために，業務に支障を来すことはありませんでしたが，経営層や管理職に感染者が出た場合や部署の大半の者が感染した場合なども想定したＢＣＰの策定が必要であると痛感しました。

　そこで，中村総務課長は，伊藤総務部長を責任者とするＹ社ＢＣＰ策定委員会を起ち上げ，各部署の管理職とともにあらゆる場面を想定した実効性のあるＢＣＰを策定して，経営層の承認を得てこれを決定しました。また，Ｙ社社長から全従業員に対してＢＣＰ策定を宣言してもらうとともに，年に１回は新型インフルエンザが蔓延した場合を想定した訓練を実施することを決めました。

このケースの みかた

● インフルエンザなどの感染症，特に飛沫感染等の非常に拡大しやすいものは，迅速な対応をしないとチーム内に複数の感染者を発生させ業務の円滑な遂行が難しくなることがあります。

● 予防接種が効かない新型インフルエンザが発生すると，感染拡大するリスクが比較的高いため，新型インフルエンザが発生した場合に講じるべき対応をあらかじめ定めておく必要があります。

ここが ポイント！

❶ 中村総務課長は新型インフルエンザへの感染者が２名出た時点で発熱のある者への出勤見合わせを要請し，また可能な者への在宅勤務を許可していますが，その勤怠管理については各マネジャーに徹底するようにとのみ指示しています。本事例ではこの対応で収束していますが，これら以外にもドアノブやデスクなどの手を触れる可能性のある箇所を消毒するなどの対応が考えられます。

❷ 在宅勤務における勤怠管理は，その具体的方法まで総務課として周知することが望まれます。本来であれば，在宅勤務中の就労環境（光源や椅子の高さなどの適切さ）の確認が必要ですし，在宅での業務開始と終了の時間だけでなく，その間の休憩時間等の把握も必要です。

3分間 解説

　インフルエンザは，人から人に伝染するウイルスを病原体とする疾病であり，いったん職場でインフルエンザに罹患した者が現れると，容易かつ急速に，その職場内の人から人へ感染するおそれがあります。

　従業員がインフルエンザに感染した場合だけでなく，その家族が罹患した場合に，事業・業務の継続性を確保するためチームや会社としてとるべ

き対応方法をあらかじめ定めて周知徹底させることが必要です。

　部下の中にインフルエンザ感染者が出た場合，これ以上部下の中に感染者を増やさないために様々な対応が必要となります。例えば，インフルエンザに罹患した部下から仕事を休みたい旨の連絡があった場合には，無理に出勤させるのではなくそのまま休ませます。

　なお，インフルエンザに感染した従業員に対し，医師の指導等に基づき休業を命じた場合，一般的には「使用者の責に帰すべき事由による休業」には当たらないと考えられ，休業手当の支払義務は生じません。また，インフルエンザの感染が疑われる段階で，部下が休業した場合は，通常の病欠と同様に，賃金の支払義務は生じません。

　二次感染防止の対策としては，インフルエンザを発症した部下の机など，ウイルスの付着している可能性のある場所の消毒が挙げられます。そのほか，接触感染を防止するため，ドアノブ，電話機，スイッチ類，階段の手すり等，多くの人が頻繁に触れる場所についても，消毒を念入りに行うとよいでしょう。

　また，来訪者による職場への入場を制限したり，可能な範囲で，通勤ラッシュ時の混雑を回避するための時差出勤や自家用車・自転車による出勤をすすめます。

　事態が収束しても，そのインフルエンザとは異なる型のインフルエンザが新たに流行するおそれがあります。そこで，改めて感染予防への備えを整えていきます。インフルエンザが発症して休まなくてはならなくなる部下の業務をその他の部下が継続できる体制を整備することについても留意する必要があります。その一方で，不要不急の事業・業務は，可能な限りその時期を延期するなどを検討します。

　複数の部下が，同時期に，インフルエンザのために出社できないこともあります。

　感染者はもちろん，感染者と同居している者や感染者と近距離で会話等

の接触をした者などの濃厚接触者も，自宅待機が必要となることがあります。

インフルエンザ発生時に業務を支障なく継続させるためには，平時から準備・訓練をしておく必要があります。具体的には，在宅勤務，複数班による交替勤務，クロストレーニング，役職者の代行者の指名などの対策が挙げられます。

在宅勤務は，部下同士の接触機会が減り，また，通勤等による不特定多数の者との接触の機会が減るため，組織内での感染の拡大防止に有効です。

この場合，十分なセキュリティ対策と，労務管理上，在宅勤務の規定の整備が必要となります。

複数班による交替勤務によっても，従業員の大量感染を回避できます。

クロストレーニングは，1人の従業員が複数の業務を遂行できるように日頃から訓練しておくことです。これにより，部下がインフルエンザに感染した場合でも，代替要員がいるため，業務の継続が可能です。

役職者は，自らがインフルエンザに感染した場合を想定し，自分の職務を代わりに執行する者を選定しておく必要があります。

こちらもチェック！ 関連法令

・インフルエンザと就業禁止

企業は，一定の伝染性の疾病にかかった労働者については，その就業を禁止しなければなりません（労働安全衛生法68条）。しかし，新型インフルエンザ等に該当しない通常のインフルエンザは，一般には「伝染性の疾病」に含まれません。

企業は，労働契約に伴い，労働者がその生命，身体等の安全を確保しつつ労働することができるよう，必要な配慮をするものとされています（安全配慮義務。労働契約法5条）。企業としては，一定の疾病

に罹った者の就業を禁止することを就業規則で定めておく必要があります。

・就業禁止期間中の給与

給料については，労働者が労務を提供していない時間については給料を支払わなくてもよいとする「ノーワーク・ノーペイの原則」がとられています（労働基準法24条）。しかし，使用者の責に帰すべき事由による休業の場合には，使用者は，休業期間中，労働者に，その平均賃金の60％以上の休業手当を支払わなければなりません（労働基準法26条）。

新型インフルエンザで就業が禁止される場合，「使用者の責に帰すべき事由による休業」に当たらないため，休業手当の支払義務は生じません。

CASE 24 商品の広告や販売促進を考えるときにはどのようなことに注意すべきか

分野： 業務のリスク

ケース

　Z社では，一般消費者の美容・健康への関心の高まりを受けて，自社店舗で扱っている美容・健康器具の販売促進をしようとの方針が決まりました。この方針を受けて全社的な動きが活発化する中，Z社の営業課では，Z社が展開する店舗における販売促進のためのキャンペーン企画を考案することとなりました。

営業課でのアイデア会議

　山田営業課長は，その部下である井上さん・山崎さん・阿部さんを交えて，美容・健康器具の販売促進キャンペーンの企画についてアイデアを出し合うブレーンストーミング形式の打ち合わせを開くこととしました。山田営業課長は，事前に井上さん・山崎さん・阿部さんにZ社としての方針と売上目標（前期売上平均の20％増）を伝え，この目標を達成するための販売促進策を考えてくるように指示しています。

　打ち合わせの日時になって，井上さん・山崎さん・阿部さんが会議室に揃ったところで，山田営業課長は，まずは雑談をしながら井上さん・山崎さん・阿部さんが話しやすい雰囲気を作った上で本題に入りました。以下は，その会議の際の会話の一部です。

山田営業課長　美容・健康については，テレビや雑誌でも特集が組まれるなど，

通常価格5,000円
特別価格2,000円！

腰痛や肩こりが改善！
※個人の感想です

このような表示には法律上
の制限に注意が必要です。

山田営業課長

世間の関心が非常に高いですね。そこで，当社でもこの分野に力を入れていくことになりました。当社の各店舗で美容・健康関連商品の売り場を広げて商品点数を増やすなどして，美容・健康分野の売上を，前期売上平均から20%増やすことを目標として掲げています。みなさんには，そのための具体的な方法についてアイデアを出してもらいます。

通常価格と割引価格の二重表示

井上さん　美容・健康ブームは広く知られていますので，競業他社も同じように力を入れています。取り扱う商品で競業他社と差別化することは難しいと思います。そこで，価格面で『お得感』を打ち出してはどうでしょうか。

山田営業課長　値引きをしすぎると，販売数は増えるけれど，売上目標の達成が厳しくなりませんか。

井上さん　山田営業課長がおっしゃるとおり，値引きをしすぎると売上目標の達成が難しくなります。価格は，あくまで競業他社と同等程度となるように設定し，当社の通常価格と値引き後の価格を両方表示して『お得感』をアピールしてはどうでしょうか。

山崎さん　通常価格と値引き後の価格があまり変わらないとお得感は感じられないと思います。当社で実際に販売した価格ではありませんが，メーカーから参考までに提示されている『希望小売価格』を通常価格とし，値引き後の価格と一緒に表示すれば，お客様はかなり値引きされたように感じるのではないでしょうか。

商品使用の効能・効果の表示

山田営業課長　その点についてはそこまでとしましょう。ほかになにかアイデアはありますか。

阿部さん　美容・健康関連商品については，その効能や効果をアピールすることが大切だと思います。そこで，商品を販売する際に，『この商品を使うことで，いままで治らなかった腰痛や肩こりが改善しました』ですとか，『肌のつやと張りがよくなり，10歳若く見られるようになりました』などといった効果を表示するのはどうでしょうか。

山崎さん　メーカーからの説明では，実際にそのような効果があるとまでは聞いていませんが，テレビCMなどでよく使われているように『個人の感想です』といった表記を付しておけば問題なさそうですね。

会議で出されたアイデアの評価

山田営業課長　いろいろとアイデアを出してもらいました。しかし，今回出された2つの方法には致命的な欠点があり，残念ながら採用できません。井上さんが言った通常価格と値引き後の価格を両方表示する方法自体は問題ありません。しかし，その際に，実際に当社で販売した実績がない

価格を通常価格として表示することは,法律上認められていません。また,美容・健康器具のメーカーがその商品の効能・効果として認めていないのに,その効果があるという表示をしてしまうことにも問題があります。それに実際にお客様から聞いたわけでもないのに,『個人の感想です』と表示することもできません。

結局,別の日時を設定して再度打ち合わせの場を設け,改めて販売促進の具体的なアイデアを検討することとなりました。

このケースの みかた

- 売上目標を達成するための販売施策を考えることは実際によく行われています。様々なアイデアを検討するためにもブレーンストーミング形式での会議を設けることは有用です。
- 一般消費者に向けたキャンペーンや販売促進策を考えるに当たっては,顧客の目を引くために様々な表現上の工夫がなされます。しかし,その表現が真実ではなかったり(虚偽の表示),極端に大げさな表現ではないか(誇大な表示)については,十分な注意が必要です。

ここが ポイント！

❶価格面で「お得感」をPRして販売促進につなげようとすることには問題はありませんが,実際に販売した実績のない価格を「通常価格」とし,値引き後の価格と一緒に表示をすると,それを見た顧客の正常な判断を妨げるおそれがあります。このような表示は不当景品類及び不当表示防止法(景品表示法)に違反することに注意が必要です。

❷美容や健康に関する効能・効果が実証されていない商品について,その効果を謳う表示をすることは,やはりそれを見た顧客の正常な判断を妨

げることとなるため許されません。また,「個人の感想です」といった表示をする際には,十分なモニター調査などを実施した上で行うなど,慎重な対応が求められます。

3分間 解説

Z社の山田営業課長が言うように,①実際に販売したことのない価格を「通常価格」とし,値引き後の価格と同時に表示すること(いわゆる二重価格表示)と,②実際には効果がないのに,美容・健康器具を使用することにより効果があることを表示することは,景品表示法に違反します。景品表示法上の具体的な規制内容については「関連法令」で説明します。

ここでは,チラシやポスターなどを作成する際に注意しなければならない「景品表示法」という法律がなぜ制定されているのかについて簡単に述べます。

まず,真実ではない虚偽の表示や大げさな表現を用いて商品の販売などが行われると,それを見た顧客に購入するか否かの判断を誤らせるおそれがあります。本当のことを知っていれば商品を購入しなかったのに,虚偽または誇大な表示を見てそれが本当のことだと誤解して購入してしまうおそれがあるということです。そのために,景品表示法がそのような虚偽・誇大な表示を「不当な表示」として規制しているのです。景品表示法に抵触する表示等については,消費者庁が所管しています。

Z社は,一般消費者に商品を販売している販売業者ですから,商品のチラシやポスターを作成することがよくあるでしょう。このように自社の事業と深く関わる規制法の知識は,それに携わるすべての従業員にとって必須のものです。Z社の井上さん・山崎さん・阿部さんの発言内容からは必要な法務知識が不足していると思われますので,研修などを通じて知識の

浸透・定着を図る必要があります。

こちらもチェック！ 関連法令

・不当な表示に関する規制（景品表示法）

　景品表示法では「不当な表示」についての規制がなされています。同法で規制対象となる「表示」とは，顧客を誘引するための手段として，事業者が自己の供給する商品・役務の内容または取引条件等について行う広告その他の表示であって，内閣総理大臣が指定するものをいいます（景品表示法2条4項）。この表示に該当するものとしては，パンフレット，インターネットのWEBページに表示される広告などがあります。

　不当な表示としては，主として，①優良誤認表示，②有利誤認表示があります。事業者は，上記①や②に当たる表示であって，不当に顧客を誘引し，一般消費者による自主的かつ合理的な選択を阻害するおそれがあると認められる表示を禁止されています（景品表示法5条）。

① 優良誤認表示

　優良誤認表示は，商品またはサービスの品質等について，実際のものよりも著しく優良であると示し，または事実に相違して競業他社よりも著しく優良であると示す表示をいいます。この具体例として，実際には10万km以上走行している中古自動車のメーターを巻き戻して3万kmと表示して販売することが挙げられます。

② 有利誤認表示

　有利誤認表示は，商品またはサービスの価格その他の取引条件について，実際のものまたは競業他社よりも著しく有利であると一般消費者に誤認される表示をいいます。この具体例として，携帯電話通信業者が，チラシによる料金比較において，実際には自社にとって不利と

なる他社の割引サービスを除外して，自社の料金が最も安いように表示することが挙げられます。

25 通勤途中の事故により従業員が けがをしたときどうするか

分野： 職場のリスク

ケース

　X社の渡辺君は，その日の業務をすべて終え，オフィスをあとにしました。会社から自宅に帰る途中で，いつも立ち寄っているスーパーマーケットで夕食のための総菜を購入してから，普段から通勤に使用しているバスに乗車しました.

問題の発生

　バスは，いつもの経路を走行していましたが，急に蛇行を始めそのまま赤信号を無視して交差点に進入しトラックと衝突してしまいました。渡辺君はその衝撃で座席から投げ出されて身体を強打して重傷を負い，救急車で搬送された病院に入院することとなりました。警察によると，バス運転手が心筋梗塞により急死したために起きた事故であるとのことです。

　鈴木営業課長は，既に退社をして自宅にいましたが，午後11時頃に渡辺君の家族から携帯電話に連絡を受け，渡辺君が帰宅途中に事故に巻き込まれて入院していることを聞きました。鈴木営業課長が渡辺君の家族から聞いたところ，渡辺君は，この事故で複数箇所を骨折するなど大けがを負いましたが命に別状はなく，全治3ヶ月と診断され，3週間程度の入院が必要であるとのことでした。

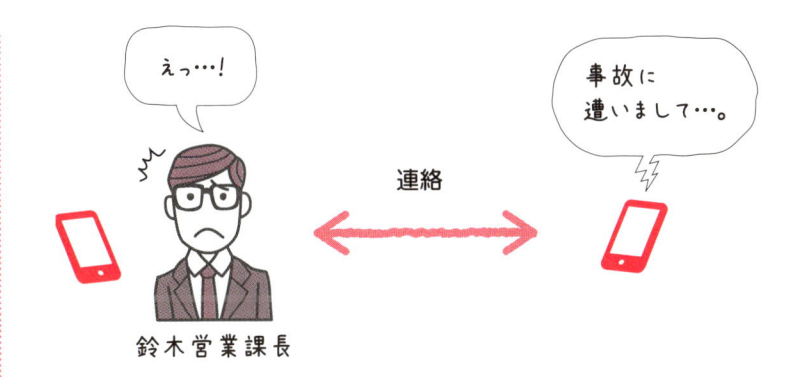

鈴木営業課長

初期対応

　鈴木営業課長は渡辺君の家族に，翌日入院先の病院を訪問して渡辺君を見舞うことを伝えて電話を切ると，すぐに佐藤営業部長に連絡をして，その時点で判明している事実と翌日に渡辺君を見舞う旨を伝えました。

事後対応

　鈴木営業課長は，翌日出社すると営業課のメンバーに渡辺君が交通事故に遭い入院しているため，渡辺君は，数週間は出社できない状況であることなどを伝え，渡辺君が進めていた業務の調整をメンバーとの間で行った上で渡辺君を見舞いに行きました。

　渡辺君は，事故に遭ったショックから多少動揺していた様子でしたが，鈴木営業課長と話している間に徐々に落ち着きを取り戻し，仕掛かりの仕事などについて鈴木営業課長と話し合いました。

　結局，渡辺君はその日から3週間は入院のため出勤することができなくなり，その後も通院などを理由に欠勤を続けざるを得なくなりました。

このケースの みかた

- 労働者が通勤に通常使用する経路を使っている際に事故等により負傷したときには，通勤災害として労災保険に基づく保険給付の対象となります。通常の通勤経路を逸脱し，または移動を中断した場合であっても，その逸脱または中断が日常生活上必要な行為をやむを得ない事由によって行う最小限度のものである場合は，当該逸脱または中断の後，通常の経路に戻ったときも同様に保険給付の対象になります。
- 通勤途中の事故が第三者によって引き起こされている場合にも，労災保険に基づく保険給付の対象となります。もっとも，そのような場合には第三者から事故の被害者に対して一定の賠償などがなされることがあります。第三者からの賠償があったときには労災保険からの保険給付に一定の調整がなされます。

ここが ポイント！

❶ 本ケースの渡辺君は通勤途中で事故に遭い重傷を負っています。いったん通勤経路を逸脱し，スーパーマーケットで惣菜の買い物をしていますが，このような日常生活上必要な行為をやむを得ない事由によって行う最小限度のものである場合は，当該逸脱または中断の間を除き，その後の移動は通勤と認められます。本件事故は，渡辺君が通常の通勤経路に復してから発生していますので通勤災害となります。

❷ 渡辺君は通勤災害によって3週間もの長期にわたり入院することとなりました。渡辺君は，負傷について療養を必要とする間，労災保険給付として療養給付を受けることができます。また，療養のために労働することができず，賃金を受けられない場合，一定額の休業給付を受けることができます。

労働者が，その通勤中に災害に遭い被害を被った場合，労働者災害補償保険法（労災保険法）により，通勤災害に基づく保険給付を受けられます。

労働者を使用している事業は，原則として，その種類や規模にかかわらず，労災保険法の強制適用事業となります。労災保険法は，業務上の事由または通勤による労働者の負傷，疾病，障害または死亡等に対して必要な保険給付を行うこと等を目的としています。

労災保険法における通勤

労災保険法上の「通勤」は，労働者が就業に関し，次の①〜③の移動を合理的な経路および方法により行うことをいいますが，業務の性質を有するものは除かれます。

① 住居と就業の場所との間の往復
② 厚生労働省令で定める就業の場所から他の就業の場所への移動（複数就業者の事業場間の移動）
③ ①の往復に先行しまたは後続する住居間の移動（例えば，単身赴任者の赴任先住居と帰省先住居間の移動）

ただし，労働者が往復の経路を逸脱または中断した場合は，逸脱または中断の間およびその後の往復は通勤には当たりません。したがって，労働者が往復の経路を逸脱または中断した場合には，原則として，通勤災害に基づく保険給付を受けることができません。ただし，その逸脱または中断が，一定の日常生活上必要な行為をやむを得ない事由により行うための最小限度のものである場合は，当該逸脱または中断の間のみが通勤とはならず，合理的な経路に戻った後は通勤と認められます。

本ケースにおける渡辺君の通勤経路の逸脱・中断は，夕食のための惣菜購入という日常生活上必要な行為をやむを得ない事由によって行う最小限

度のものだといえます。したがって，その逸脱・中断後，通常の通勤経路に復した後に被った災害は，通勤災害に該当します。

　ここで，「就業に関し」とは，移動行為が就業するため，または就業したことによって行われるものであること，すなわち，通勤と認められるためには，移動行為と業務との間に密接な関連があることが必要です。したがって，例えば，休日に会社の運動施設を利用するために自宅から会社に向かう移動や出勤途中に体調が悪くなり帰宅する際の移動などは，通勤とはなりません。

　また，「合理的な経路および方法」とは，社会通念上一般に労働者が用いると考えられる経路および手段等をいいます。合理的な経路の例として，通勤定期券に表示されている鉄道等の経路や会社に届け出ている経路，交通機関のストライキのために迂回してとる経路などが挙げられます。合理的な方法の例として，鉄道，バス等の公共交通機関の利用，自動車，自転車等の本来の用法に従った使用，徒歩などが挙げられます。

　これらの要件を満たす移動行為であっても，その行為が業務の性質を有するものである場合は，通勤とならず，業務災害の対象となります。具体的には，事業主が提供する専用交通機関を利用する場合や，出張先に直接赴く場合などが該当します。

こちらもチェック！ 関連法令

・労災保険法に基づき支給される傷病に関する保険給付

① 療養給付（労災保険法22条）

　通勤災害により負傷した労働者が，当該負傷について療養を要する場合，療養給付が行われます。療養給付は，通勤災害による被災労働者が指定病院（労災保険を取り扱うことができる病院等）で療養（診

察，薬剤等の支給，処置・手術等の治療等）を受ける場合に，無料で支給される現物給付です。請求は，指定病院等を経由して，所轄労働基準監督署長に対して行います。

② 休業給付（労災保険法22条の2）

休業給付は，通勤災害のために休業した労働者の所得保障のための給付です。次の要件をすべて満たした場合に，労働者の請求に基づき支給されます。

- 通勤災害によって被災した労働者の療養のためであること
- その療養のために労働不能であること
- 労働不能のため賃金を受けない日があること
- 待期期間（通算して3日間）を満了していること

休業給付の支給額は，休業1日について所定の方法で算出した1日分の賃金額（給付基礎日額）の60％に相当する額となります。

③ 休業特別支給金（労働者災害補償保険特別支給金規則3条）

休業特別支給金は，通勤災害等による被災労働者が療養のため労働することができないために賃金を受けない日の第4日目から当該労働者に対し，その申請に基づいて支給されます。その額は，1日につき，所定の方法で算出した1日分の賃金額（休業給付基礎日額）の20％に相当する額となります。

したがって，本事例の渡辺君は，負傷の療養のため労働することができず，賃金を受けられないときは，その欠勤第4日目から，休業給付として，1日につき給付基礎日額の6割の支給を受けることができます。さらに，休業特別支給金として，休業給付基礎日額の2割の支給を受けることができます。

・第三者行為災害との調整（労災保険法12条の4）

　本事例の渡辺君は，労災保険給付として，休業給付および休業特別支給金を受けることができますが，本事例で事故を起こしたバス会社から渡辺君への補償がなされた場合には一定の調整がなされます。

　本事例で渡辺君が負傷したのは，第三者の行為が原因です。したがって，渡辺君は当該第三者に対して，不法行為による損害賠償を請求することができます。このように，労災保険の保険給付の原因となる事故が第三者の行為による場合は，次に示すような一定の調整がなされます。

> ①　労災保険からの保険給付がなされる前に第三者から損害賠償が行われた場合は，労災保険制度の管掌者たる政府はその損害賠償の価額の限度で保険給付をしないことができる。
> ②　労災保険からの保険給付が先になされた場合は，労災保険制度の管掌者たる政府がその給付の価額の限度で，保険給付を受けた者が第三者に対して有する損害賠償の請求権を取得する。

CASE 26 機密情報が流出したときにどうすべきか

ケース

　Ｙ社は，その会議室において，Ｙ社の納品先である販売会社の発注担当者を招いて，まだ一般に公表されていない新商品のお披露目会を行いました。非公開の情報を特定の人達にのみ開示する機会となるため，お披露目会の案内には「当該会に参加したことにより知った事実を関係者以外に漏らしてはならない」旨を明示していました。また，Ｙ社においては，Ｙ社工場内への携帯電話やスマートフォン，タブレット端末等（以下，「デジタル機器」）の持込みは，製造ラインのある区域では禁止されていますが，お披露目会が開催された会議室のあるその他の区域では禁止されていません。

問題の発覚

　Ｙ社の中村総務課長は，お披露目会の翌日，あるソーシャルメディア上で，このお披露目会の内容およびその様子を撮影した写真画像が，匿名で投稿され，公開されているとの報告を受けました。

　中村総務課長は，ソーシャルメディアを利用しておらず，その使い方等もよく知りませんでしたが，ソーシャルメディアをよく利用するという部下に聞いて上記の投稿があることを知ったのでした。投稿者のIDにはまったく心当たりがなく初めて見るものであり，その部下も知らないとのことです。

ソーシャルメディアに写真を掲載

初期対応

中村総務課長は，すぐにこの事情を他の課の課長を通じて全社に通知し，各課での事実関係の確認をさせたところ，Y社の従業員による投稿ではないことが判明しました。

次に，中村総務課長は，お披露目会に招待した会社の担当者に宛てて事情を説明するメールを送信し，事実関係の確認を依頼しました。すると，Z社の担当者から「Z社の従業員が個人所有のスマートフォンを使用して写真を撮影し，個人的に利用しているソーシャルメディアを通じて公開したことが判明した」との連絡を受けました。

Z社では，業務用に使用するデジタル機器を全従業員に支給すると経費がかさむことから，個人所有のデジタル機器を業務に使用することを認めています。Z社担当者からの報告によると，写真に写っている映像やその投稿日時等の状況から，お披露目会に出席したZ社従業員の個人所有のスマートフォンにより会議中に撮影された写真が投稿されたものと思われるとのことです。

今回の投稿が行われた時点において，Z社では，従業員のソーシャルメディアの利用に関して特段のルールも設けられておらず，その研修等も行われていませんでした。

事後の対応

　Y社では，中村総務課長を中心として本件への対応を検討することとなりました。

　まず，Z社への対応として，今回の投稿はY社の機密情報の漏えいであり，Z社従業員によるソーシャルメディアへの投稿によってY社の機密情報が漏えいした旨をZ社自らが告知することを求めることとし，本件によってY社に生じる損害等について確認しその補填等について協議する場を設けることを求めました。

このケースの みかた

- 未発表の新製品情報など機密性の高い情報の管理には，細心の注意を払う必要があります。紙媒体での資料には,「厳秘」や「複製・頒布の禁止」などをしっかりと明記し，情報が意図しない範囲に拡散しないようにします。
- 新製品を関係者にのみ限定的に公開する際にはカメラや携帯電話・スマートフォンの持込みを制限し撮影や録音・録画の禁止を参加者に徹底し，さらに事前にそこで得た情報を他に漏えいしないことについての誓約書の提出などを求めておくことが重要です。

ここが ポイント！

❶Z社の従業員は，個人的に利用しているソーシャルメディアに機密情報を漏えいしています。業務上知った情報を個人のソーシャルメディアに公開すること自体が本来あってはならないことです。Y社としては，機密情報の限定開示の場で参加者がこのような行動に出ることは，通常予想できないことかもしれません。この点，まずはZ社における従業員の教育が必要となります。

❷一方Y社としては，自社工場へのデジタル機器の持込みを制限している
にもかかわらず，今回のお披露目の場でそれを制限していなかったこと
は問題といえるでしょう。関係者以外への情報開示を禁止するだけで十
分と考えたのかもしれませんが，未発表の新商品であることを考慮して
より厳格な管理が求められた場面であるといえます。

3分間 解説

　企業における機密情報は，それが公開・流出されることがないように厳
重に管理をする必要があります。この点，本事例のY社は，デジタル機器
の持込みを製造ラインのある区域では禁止していましたが，お披露目会の
開催された会議室がある区域では禁止していませんでした。このようにデ
ジタル機器持込みの可否を区域で分けることには一定の合理性があります
が，厳重に機密として扱うべき新製品を外部の者に公開する本件のような
場合には，少なくともその会場内では持込みを禁止しておくべきであった
といえます。

　Z社の従業員は，まだ一般に公開されていない新商品の写真を個人的な
ソーシャルメディアに投稿しています。Y社がお披露目会を開催するに当
たり，入場者に写真撮影やそこで得た情報を外部に公表してはならないこ
とを明示していたにもかかわらず，Z社の従業員がその禁止事項に違反し
て写真を撮影し公開したことは明らかな義務違反となります。

こちらもチェック！ 関連法令

・営業秘密の保護 （不正競争防止法2条・21条等）

　企業の秘密情報を保護する法律として，不正競争防止法があります。
企業の保有する情報を保護する法律としては，特許法，著作権法等の
いわゆる知的財産権法がありますが，不正競争防止法による保護の特

徴は，秘密情報を公開せず，秘密のままで保護を受けることができる点にあります。

　不正競争防止法により保護を受ける情報を「営業秘密」といいます。企業の保有する秘密情報が営業秘密として保護されるには，その情報が次の3つにすべて当てはまることが必要です。

- 秘密として管理されている情報であること
- 事業活動に有用な技術上または営業上の情報であること
- 公然と知られていない情報であること

　例えば，本件のY社の新商品が，ライバル社の製品とは大きく異なるデザインをセールスポイントとしており，Y社がそのデザインを秘密として厳重に管理していた場合，今回のZ社の従業員によるお披露目会の写真画像のソーシャルメディアへの投稿は，不正競争防止法違反となる可能性があります。

　不正競争防止法に違反すると，違反者に対し，次のような措置がとられます。

① 差止請求：営業上の利益を侵害する行為や侵害するおそれのある行為を止めることを請求することができます。

② 損害賠償請求：侵害された営業上の利益等の損害について，賠償を請求することができます。

③ 信用回復措置請求：侵害された営業上の信用を回復するのに必要な措置，例えば，新聞への謝罪広告の掲載等を請求することができます。

④ 刑事罰：10年以下の懲役または2,000万円以下の罰金の一方または両方を科されます。従業員が不正競争防止法に違反した場合，企業にも10億円以下の罰金が科されます。

業務指示が不適切なために部下が ミスをしたときマネジャーとして どうすべきか

分野： コミュニケーション　チームのマネジメント

ケース

　Z社の営業部営業課は，Z社が店舗で扱う電化製品などの買付けをするバイヤーの支援をしたり，広告や店舗に掲示するポスターなどをメーカーから取り寄せ，または自ら作成するなどの業務を行っています。営業課にはその課員として最も社歴の古い井上君，入社3年目の山崎君などがおり，山田営業課長が取り仕切っています。

　Z社の各店舗での年末商戦に向けた準備をしていた10月下旬頃，営業課では，各店舗で使用する特売商品を複数掲載した独自のポスターを作成し各店舗に配付することとなっていました。このポスター作成は，毎年Z社で行っている業務であり，山田営業課長やベテラン従業員である井上君にとっては慣れた業務でしたが，山崎君はその業務を経験したことはあっても習熟しているとはいえない状況にあります。

不適切な業務指示の内容

　ポスター作成の打ち合わせが行われ，ポスターの作成は井上君と山崎君が担当することが決まりました。山田営業課長は，井上君と山崎君に対して，「この件は井上君がよく知っているから，山崎君は井上君の指示を受けながらしっかりと進めて欲しい。井上君は，わかっていると思うが，ポスターの記載内容には十分気をつけるように。」と伝えました。井上君は毎年の業務である

こともあり，山田営業課長が注意を喚起した内容もすぐに把握できました。しかし，山崎君にとっては，単に「ポスターの記載内容」に注意するようにとの指示では，その具体的な内容が全く理解できませんでした。山崎君は，それでも適宜井上君と相談し，確認しながら仕事を進めれば問題ないだろうと考えて，山田営業課長からの指示に対して「わかりました」と返事をし，特にその場で確認などをすることはありませんでした。

　山田営業課長が井上君と山崎君に指示をした内容のうち，「ポスターの記載内容に注意」するというのは，メーカーの中には，商品の写真や商品名・ブランドの表示をする際にその写真の大きさやフォントサイズなどについて一定の条件を課している会社や，独自のポスター等を作成する際に事前の許可と完成したポスターの提示を求めている会社があるため，それらに注意をして作成をしなければならないという意味でした。そして，前年まで無条件で表示をすることを認めていたメーカーの中に，本年より事前許可制とすることを通知してきた会社がありましたが，その点について山田営業課長は把握していたものの，井上君や山崎君には知らされていませんでした。

問題の発生とその対応

井上君は，自身が十分習熟している業務でもあり，前年の資料を確認しながら業務を進め，山崎君も，井上君とともにポスター作成の業務を進めていきました。井上君は，ポスターのデザインが完成し，印刷会社にポスターの原稿を入稿してその見本が提示された段階で，山田営業課長にその確認を求めました。それを見た山田営業課長は，ポスターの中に新たに事前許可制を通知したメーカーの商品が掲載されていることを知り，至急そのメーカーに許可を得るように井上君に指示しました。

井上君は，その指示を受けて許可を得るためにメーカー担当者と連絡を取り合いましたが，そのメーカー内の承認手続に2週間程度を要することがわかり，本来そのポスターを完成させて各店舗に配送する期限には間に合わなくなってしまいました。

このケースの みかた

● 定期的に行っている業務をその業務に習熟した者が担当する場合であっても，従前とは異なる手順等が必要となることがあります。その業務を開始する前に必要となるタスクや手順の確認をすることが必要です。

ここが ポイント！

❶ 山田営業課長は大きく2つのミスをしています。ひとつ目は，従前には不要であった手順が新たに必要となったにもかかわらず，それを井上君と山崎君に伝えていなかった点です。ふたつ目は，業務に不慣れな山崎君に対して具体的な業務の内容を自ら説明しなかった点です。

❷ メーカーが製造販売する商品の写真や商品名を自社のポスター等に表示する際には，商標権やブランドといったメーカーにとって重要な権利に十分な注意が必要です。それらの使用に事前許可等の条件が付されてい

る場合には，しっかりとその手順を踏まないと，権利侵害となってしまうことがあります。

3分間 解説

マネジャーから部下に対する業務指示は，指示を受ける部下が指示内容を正確に理解し実行できるようにすることが何よりも大切です。

マネジャーが注意すべきなのは，業務指示をするマネジャーとその指示を受ける部下との間には，業務経験や業務知識に違いがあるということです。このような経験の違いは，話の理解度に大きな影響を生じます。マネジャーは，適度に部下に質問をし，その理解度を見極めたり，具体例を入れたりしながら話を進めます。

また，業務指示に際しては，必要に応じて図表や写真といった視覚に訴える資料を使用します。業務を定型的な手順に落とし込めるのであれば，手順書を作成して，手順書を用いてひとつひとつの作業を確認しながら業務指示を行えば部下の理解を助け，指示内容を理解しないまま業務を行うことによるトラブルを防止することに役立ちます。チームに外国人スタッフがいるような場合には，言葉の問題がありますので，誰にでもわかる図表や絵・写真なども用いて業務指示の内容を明確にし，かつ誤解が生じないように工夫することが求められます。

部下は，マネジャーからの業務指示に不明確な箇所があったり理解できない点があったりしても，その立場の違いからマネジャーに質問したり確認せずに沈黙をしてしまうこともあります。マネジャーは，部下が黙って自分の業務指示を聞いているからその内容を理解しているものと安易に考えるのではなく，業務指示の内容を復唱させてその理解を確認するなどの工夫が不可欠です。

・商品名・ブランド名の無断使用（商標法・不正競争防止法）

　このケースでは，使用するに当たってメーカーの許可を必要とする商品名やブランド名を，許可を受けずに使用するという問題が生じています。商品名やブランド名は，商標法や不正競争防止法によって法的な保護の対象となっています。そのため，これらの法律に反して無断で使用等すると，損害賠償責任や刑事責任を問われることがあります。

　Z社の取引先のメーカーは，開発した商品の商品名やブランド名について，商標法の手続に従って特許庁に登録を受けると，商標権を取得します（商標法18条1項）。商標権を取得したメーカーは，その商品名やブランド名を独占して使用することができ，それ以外の者がその商品名やブランド名を使用するには，そのメーカーに使用を許可してもらう必要があります（商標法25条）。もちろん，他者が商品名やブランド名を使用するに当たって，許可を受けなければならないなどの条件をつけることもできます。これに違反して無断で商品名やブランド名を使用すると，商標権を有するメーカーから，使用の差止請求（商標法36条）や損害賠償請求（民法709条）を受けたり，商標権の侵害による刑事罰（商標法78条以下）を受けたりします。

　商標登録をしていなくても，商品名やブランド名が広く一般に知られている場合，その商品名やブランド名は，不正競争防止法によって保護されます（不正競争防止法2条1項1号2号）。そうした商品名やブランド名を無断で使用した者は，同様に，使用の差止請求（不正競争防止法3条）や損害賠償請求（不正競争防止法4条）を受けたり，刑事罰（不正競争防止法21条・22条）を受けたりします。

　メーカーが製造した商品を販売する企業がその商品を掲載したチラ

シ等を作成する場合であっても，商品名や写真等を掲載するに当たっ
て，使用する商品名に使用する文字のフォントや商品の写真等につい
て，指示を受けたり許可を要したりすることがあります。したがって，
他社の商品名やブランド名を使用する場合には，その使用の承諾を受
け，必要な手続を踏んだ上で使用しなければなりません。

28 ▶ 取引先が何度も支払延期を 要求してきたらどうすべきか

ケース

　X社は，Y社に対して，Y社が消費者向けに製造しZ社等に卸している製品甲用の部材乙を継続的に供給しています。X社は，Y社の生産計画に基づき，必要な分量の部材乙についてY社から発注を受けて製造しY社に納品しています。Y社は，部材乙の代金を，納品を受けた月の末日で締め，その翌月20日にX社があらかじめ指定する銀行口座にY社が振り込むことで支払うこととなっています。

問題の発覚と初期対応

　8月，X社鈴木営業課長は，X社営業部でY社を担当している田中さんから，以下のような相談を受けました。

　「当社への発注の責任者であるY社山本製造部課長から連絡があり，『先月納品分の支払いを1ヶ月延期して欲しい』との連絡を受けました。Y社は当社と長年にわたって取引を継続してきており，Y社から受注する仕事は当社においてかなりの割合を占めています。それだけにY社からの入金が1ヶ月遅れることは当社にとって重大な事態ですが，Y社が経営難に陥ってY社との取引がなくなってしまうのは困ります。どのように対応すればよいでしょうか。」

　鈴木営業課長は，「田中さんが言うとおり，Y社は当社にとって重要顧客で

支払いを延期して
欲しい。

鈴木営業課長 　　　　　山本製造部課長

ありこれまで長年取引を続けてきてこのようなことは初めてです。一時的な資金繰りの問題が起きているのかもしれません。今月は他社から受託した業務が多く，Ｙ社への請求を１ヶ月延期したとしても営業課としての売上目標はなんとか達成できそうな見込みです。Ｙ社の支払延期の要請を受け入れましょう。」と話し，田中さんに対して，山本製造部課長に支払延期を受け入れる旨の連絡をするよう指示しました。

結局，10月になってもＹ社から８月分の支払いはなされず，さらに９月分についても未払いとなり，Ｙ社のＸ社に対する未払分は２ヶ月分となってしまいました。そこで，鈴木営業課長は，Ｙ社伊藤総務部長から事情を聴取することとしました。

鈴木営業課長は，伊藤総務部長に説明を求めたところ，伊藤総務部長からは「弊社製品の売行きが余り良くなく，また，未収となっている売掛金が発生したりしているので，支払いが遅れており申し訳ない。現在，銀行から借入れをする交渉をしており，この借入れがうまく行けば全額一括で支払えるのでそれまで待ってほしい。また，御社の部材乙は，弊社製品甲を製造するために必要不可欠のものであり，その納品をストップされてしまうと，商品

の製造ができなくなるので，今後も納品は続けてほしい」との回答を得ました。

事後の対応

　鈴木営業課長は，Y社伊藤総務部長の聴取結果を上司である佐藤営業部長に報告したところ，佐藤営業部長から鈴木営業課長に次のような指示が下されました。

- Y社から全く入金がないのは困る。分割払いでよいので入金してもらえるように交渉すること。
- Y社の経営状態が悪化している可能性がある。他に当社に対して未払いとなっている分がないか確認すること。
- Y社の信用調査を実施し，当社が確実に全額の支払いを受けられるようにするにはどうすればよいか考えること。

　鈴木営業課長は，田中さんに対して，①Y社のX社に対する支払いの状況，②直近でY社に納品する部材乙の予定数量と納期，をそれぞれ確認するよう指示し，Y社の伊藤総務部長との間で，分割払いおよび担保提供を求める話合いをするための打ち合わせ日時を調整するよう指示しました。

このケースの みかた

- 取引の相手方の代金支払いが滞るようになった場合にどのような方策をとるべきかは重要な問題です。取引先が破綻状態に陥る前にいかに代金を回収していくべきかという視点が重要です。
- X社の営業責任者としては，Y社に対する売掛金を回収するための手段を想起することが求められます。
- X社として，今後の部材乙の製造・Y社への納品について，X社が応じ

なければＹ社の経営状況がさらに悪化する可能性がありますが，これに応じる場合には，さらに未収債権がかさんでいく点をどう評価するかも重要なポイントとなります。

ここが ポイント！

❶重要顧客であるＹ社から代金の支払延期の要請を受け入れていますが，その時点でＹ社に重大な経営上の問題が生じている可能性があると考えるべきです。本来は，この時点で佐藤営業部長に報告をし相談すべきであったといえるでしょう。

❷既に納品した分の代金支払いがないまま，予定されている製品の納品を続けると，最悪の場合には回収できない売掛金が増えていくばかりです。支払延期の要請を危険兆候ととらえてＹ社の信用状況をしっかりと調査し，未払分についてなんらかの手立てをした上で予定納品分の納品をすべきです。

3分間 解説

28

取引先が何度も支払延期を
要求してきたらどうすべきか

売掛金等の回収不能にかかわる取引先の信用力の低下は，一般に「信用不安」と呼ばれています。資金繰りの悪化や主力商品の売上低下等によって取引先の信用不安が生じ，売掛金の回収が困難となり，将来的に損失等が発生するおそれが生じます。

信用調査は，取引先の経営状況等を把握し，その信用力（支払能力）を把握するために行われます。確実な代金回収は取引先の資金繰りとの関連も含めて重要な問題です。その取引先と取引を継続することに問題がないか，代金が確実に支払われるかなど，実際に入金がなされるまで，取引先の状況には常に目を光らせておく必要があります。

取引先から支払猶予の申し出があった場合には，反対給付の停止や代金

の回収確保の手段を検討することが必要となります。例えば，次に示すような手段を検討することとなります。

- 未回収の代金について「債務存在確認書」の差入れを求める。
- 取引先の資産やその社長等の個人資産について担保権の設定を受ける。
- 取引先社長や個人資産を有する役員等との間で連帯保証契約の締結を求める。

また，支払猶予の合意について書面を作成しておくことも検討に値します。支払猶予の合意につき書面を作成する場合，次のような内容を織り込んでおくとよいでしょう。

- 支払猶予額（どの時点までの債権か）
- 猶予期間
- 期限の利益喪失事由
- 書面を公正証書（執行証書）等にすべきかどうか

Ｙ社が事業を継続するために必要な部材の供給をＸ社が継続しない場合，Ｙ社が商品を製造できず，事業継続が困難になり，Ｘ社にとっても不測の事態が生じるおそれがあり，このことを十分考慮して判断する必要があります。

部材の納入を継続する場合，今後の支払いの確保をどうするのかを検討する必要があります。その具体的な方法には，所有権留保・担保の徴求等があります。

こちらもチェック！ 関連法令

・物的担保の重要性（民法342条・369条，破産法2条9項・65条1項等）

　担保のうち，実務上重要なのは，債務者からの支払いがない場合に，債務者等の財産から優先的に支払いを受けることのできる「物的担保」

です。物的担保の例として，質権や抵当権などが挙げられます。

　実務上物的担保が重要とされるのは，目的物から他の債権者に優先して弁済を受けられる効力（優先弁済的効力）が認められているためです。1人の債務者に対して複数の債権者が存在する場合，原則として，債権の種類や成立の先後に関係なく，債権額に応じた割合で支払いがなされます。これを「債権者平等の原則」といいますが，物的担保の優先弁済的効力はその例外であり，債務者が倒産した場合にも認められるのが原則です。

　例えば，X社が，Y社の所有する土地に抵当権の設定を受けた場合，仮にその後Y社が倒産したとしても，原則として，他の債権者に優先してその土地から支払いを受けることができます。

・期限の利益の喪失 （民法137条等）

　Y社は，部材乙の代金を，納品を受けた月の末日で締め，その翌月20日に支払うこととなっています。つまり，Y社は，部材乙の納品を受けても，翌月20日までに代金を支払えばよいという利益を受けており，これを期限の利益といいます。

　期限の利益は，民法の規定などにより，債務者に信用不安が生じるような一定の事由（期限の利益喪失事由）が生じた場合には喪失すると定められていますが，期限の利益喪失事由は当事者間の合意により定めることもできます。

・債務名義と執行証書 （民事執行法22条）

　Y社が代金を支払わない場合であっても，X社は，例えば，納品した部材乙をY社に無断で取り返したり，Y社の金庫から現金を持ち出したりすることは許されません。これを自力救済の禁止といいます。

　X社は，裁判所の手続を経て，Y社から代金の支払いを受ける必要

があり，具体的には，Ｙ社の財産を差し押さえて競売に掛け，競売代金から支払いを受けることとなります。

　差押えを申し立てるには，確定判決など一定の文書が必要であり，これを債務名義といいます。債務名義は，確定判決や調停調書など，裁判所の関与する手続を経て作成されますが，金銭の支払いなど一定の請求については，公証人が作成した公正証書が債務名義となり，これを執行証書といいます。

29 自社工場で事故が起きたら どうすべきか

ケース

問題の発覚

　Ｙ社の中村総務課長は，業務を終えて帰宅した午後11時頃，テレビの報道番組を見ていたところ，火災のニュースが速報で流れてきました。火災現場の映像が流れたのを見て，中村総務課長は驚きました。火災は，Ｙ社のある工場に隣接する飲食店を出火元として起き，その延焼によってＹ社の工場にも燃え広がったというものでした。しかも，Ｙ社の工場に貯蔵してあった機械用油に引火したため火災はさらに広がり，Ｙ社工場の周囲にある住宅にも延焼し被害が拡大しています。火災の規模は大きく，多くの報道機関で火災の様子をリアルタイムに報道されています。

初期対応

　中村総務課長は，これらの報道を見て非常事態であると考え，Ｙ社の本社に電話連絡を入れたところ，伊藤総務部長と話をすることができ，この火災への対応の必要があるため急ぎ出社するように指示を受けました。中村総務課長は家族に事情を話して着替えるとタクシーで会社に向かいました。

　中村総務課長が本社に到着すると既に社長以下の経営幹部が事務所にそろっており，慌ただしい雰囲気となっています。

　Ｙ社では，本社に対策本部を設けて伊藤総務部長を対策本部長とし，中村総務課長はその補佐をすることとなりました。また，火災の被害に遭った工

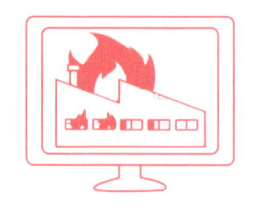

中村総務課長

場関係者は，工場長が本社の対策本部に常駐し，その部下が現場付近に待機をしてその対応にあたることとなりました。

事後の対応

対策本部では，Ｙ社社長の決裁を経て，本件火災への対応として以下の措置を講じることを決定し，その対応をすることとなりました。

① 近隣住民への対応として，本件火災により有害物質などの飛散や大規模な爆発等の危険はないことを周知する。
② 消火と消防による現場検証が終わったあとは火災現場に第三者等が近づかないようにロープ等でエリア分けを行う。
③ 警察や消防等の行政機関との連絡を密にし，行政との協力態勢を整えるために，行政との連絡のための担当者を置く。
④ マスコミ対応とホームページでの情報の公開，近隣住民等からの問い合わせ対応に必要な措置を講じる。

上記措置のうち，①と②については，工場長の指揮の下に工場勤務の従業員がその対応にあたることとなり，③と④は伊藤総務部長と中村総務課長を中心に総務課が対応することとなりました。

中村総務課長は，部下の一人に，行政機関との連絡窓口を任せ，行政機関との連絡がないときは，生じた事象を時系列にメモをとるように指示をしま

した。また，翌日から近隣住民等からの問い合わせが増えることを考慮し，想定される問い合わせ内容とその回答を「想定問答集」として書面にまとめることとしました。この内容は，報道機関からの取材に応える際にも整合性のとれたものである必要があるため，中村総務課長が自ら起案し，伊藤総務部長の確認調整を経た上で，Ｙ社社長の決裁を得ることとされました。

　深夜3時頃には，中村総務課長はこれらの対応を終えました。この時点で，Ｙ社として外部に公表できる情報をある程度網羅的に整理することができたことから，翌朝事件を知ったＹ社の取引先などが閲覧できるようにホームページで公表する内容を整理して，翌朝8時頃までにはＹ社ホームページで公表できるように手配しました。

　上記の初動対応の手配が済んだ翌日に，中村総務課長は，延焼により火災が生じたＹ社の工場の防火体制や消火設備の設置，定期点検や消火訓練の実施状況などに問題がなかったかを確認しました。また，出火元である飲食店に対して，Ｙ社工場への延焼に関する法的責任を追及できるのかを検討することとしました。

このケースの みかた

自社工場で事故が起きたらどうすべきか

- 自社設備の火災という重大な事故がリアルタイムで進行しているという緊急事態下において必要となる初動対応がここでのポイントです。第一に二次被害を最大限に防止する措置が重要になります。
- 近隣からの延焼という必ずしも自社に責任のない場面においても，企業にはそのステークホルダー（利害関係者）に対する社会的責任があります。周辺住民や取引先などに対する正確で必要十分な情報提供を心がける必要があります。

　Y社では，自社工場の火災が判明した時点で役員や管理職が本社に集まり，迅速な初動対応を行っています。警察や消防との連携だけでなく，ホームページへの本件事故情報の掲載や，周辺住民からの問い合わせ窓口を設置して十分な情報提供の体制を整えていることは評価できます。

3分間 **解説**

　Y社の工場が近隣からの延焼により火災に巻き込まれています。十分に消火されるまでは消防や警察との連携が重要となりますし，鎮火後においても現場検証等への協力が求められます。その際には，Y社はいわば延焼の被害に遭っているといえますが，Y社工場からさらに周辺の住宅に燃え広がっており，Y社としても一定の対応が必要となる場面です。Y社工場が十分な防火・延焼対策の施された構造となっていたかや，引火性のある機械用油の保存状態は適切であったかは問題となります。

　また，火災がリアルタイムで報道されている状況では，報道機関からの取材申し出への対応や，自社の取引先および火災の起きた工場周辺の住民からの問い合わせなどへの対応が必要となります。

　Y社では，火災発生を知ってすぐに社長以下の経営幹部および伊藤総務部長や中村総務課長以下の従業員が本社に集まって対策本部を設置しています。このような緊急事態下では，十分な事実確認ができていない段階で外部からの問い合わせ等に対応を迫られますので，会社として適切な対応をするためにも，社長をはじめとする責任者に逐次報告と確認をしながら，その時点で確認できる事実を丁寧に整理して対応をすることが求められます。

　Y社では，自社工場の火災が起きている時点において，①二次被害の有無に関する情報提供，②鎮火後の二次被害の防止，③消防や警察との連携，

④取引先や周辺住民からの問い合わせ対応を迅速に取りまとめて対応しており，初動対応として必要な対応であるといえます。

　また，事後対応として，自社の防災上の措置に不備がなかったか，出火元に対する責任追及について検討することとしています。Ｙ社は，出火元である飲食店の火災を原因として工場の焼失等の損害を受けていますので，その賠償請求の可否を検討することとなります。

こちらもチェック！ 関連法令

・出火元への賠償請求と周辺住民への賠償（失火責任法）

　本事例のように，出火元からの延焼で損害を被った場合であっても，出火元に対して損害賠償を請求することができないことがあります。これは，失火責任法上，出火元が類焼により他人に損害を与えた場合，重過失がなければその責任を問われないとされているためです。

　もっとも，失火責任法上，出火元が責任を免れるのは，重過失のないことが要件であり，出火元の重過失が原因で生じた火災の場合は，類焼の被害者は，出火元に対し，損害の賠償を請求することができます。この場合において，出火元が賠償責任保険に加入していれば，当該保険により補償を得ることができると考えられます。また，他所からの延焼であっても，火災による損害は自己の火災保険で填補するのが現実的と考えられます。マネジャーとして，自社の施設に，必要十分な保険が付けられているか確認しておくことが重要です。

　さらに，本事例では，Ｙ社の工場に貯蔵してあった機械用油に引火したため火災が広がり，Ｙ社工場の周囲にある住宅を延焼しています。Ｙ社工場における防火・延焼対策の状況や，引火性のある機械用油の貯蔵方法が適切でないとして重過失が認められた場合は，損害賠償責任を負います。そして，重過失が認定されるケースは決して少なくは

ありません。マネジャーとしては，上述のような自社の施設が被った損害を補償するための保険以外に，他者に損害を与えてしまった場合の賠償リスクをカバーするための保険に，自社として加入しているか確認しておくことが重要です。

・消防訓練等の義務（消防法）

　本事例のような工場など，多数の者が出入りしたり，勤務等する所定の施設の管理について権原を有する者は，所定資格を有する者のうちから防火管理者を定め，下記のような防火管理上必要な業務を行わせることが義務付けられています（消防法8条）。

- 消防計画の作成
- 当該消防計画に基づく消火，通報および避難の訓練の実施
- 消防の用に供する設備，消防用水または消火活動上必要な施設の点検および整備
- 火気の使用または取扱いに関する監督
- 避難または防火上必要な構造および設備の維持管理

など

　火災の発生は，職場において想定されるリスクの1つです。発生すればその損害は甚大なものになることが多く，マネジャーとして，自己の職場での火災発生のリスクに備え，万一発生した場合の損害を最小限にとどめ，拡大を防止する観点から，職場のメンバー全員の参加による適正な消防訓練の実施等に留意することが必要です。

30 中途採用者から前職の情報を取得してよいか

分野： **情報セキュリティ**

ケース

　Y社では，世間で話題になっているある製品分野に参入して自社の商品ラインの充実を図ることとなりました。新製品のコンセプト等を検討する中で，自社が保有する従来技術では解決できない課題が浮き彫りとなり，その課題への対応として，課題解決に必要な技術を持つ技術者を中途採用する方針が決定されました。

　Y社の方針に従い技術者を探したところ，競業他社の従業員の中に必要な技術を持ちながら転職を考えているという吉田君がその候補者としてみつかりました。Y社は，吉田君が競業他社で得ている年収の20％アップを提示したところ，吉田君との間で合意を得，吉田君を雇用することとなりました。

新製品の開発

　Y社で本件新製品の開発を任されている山本製造部課長は，中途採用された吉田君から開示を受けた競業他社の設計図や製造上のノウハウを使用して新製品の開発を行いました。それにより，Y社で滞っていた新製品の開発が加速的に進み，当初の予定通りに新製品が完成することとなりました。

　Y社は，これまでY社と取引のあった販売店に新製品を卸すとともに，自社のホームページやニュースリリースなどでの宣伝広告を大規模に行い，販売を開始しました。

　新製品は，競業他社の製品よりも機能が向上されていることが市場の評価

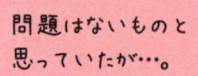

問題はないものと
思っていたが…。

山本製造部課長

警告書
…
製造を直ちに中止し，販売
済みの製品を回収せよ。

を得て，その売れ行きが堅調に推移していました。

問題の発覚

　新製品の発売開始から1年ほどが経過したある日に，吉田君が勤務していた競業他社からY社の社長宛に警告書が送られてきました。警告書の概要は以下の通りです。

> 　Y社が販売している新製品に使用されている機能は，当社が開発し製造販売している製品に使用されている技術を用いなければ実現できないものである。
> 　また，当社の元従業員が当社の業務上作成した設計図を無断で持ち出し，Y社によって使用されていることを確認している。
> 　Y社は，当該設計図を廃棄し，当該設計図および当社の技術を使用して製造された新製品の製造を直ちに中止し，既に販売済みの新製品を回収せよ。

事実の確認

　Y社は，競業他社からの警告書を受け，伊藤総務部長がその責任者となって事実関係の調査を開始しました。その結果，以下の事実が判明しました。

　Y社が吉田君から開示を受けた設計図等は，もっぱらY社開発課が所管す

る研究室で使用されており，Ｙ社の代表者を含めた取締役は，競業他社の営業秘密を使って新製品を製造・販売していた事実をまったく知りませんでした。その一方で，山本製造部課長や開発課のほぼ全員が，それらが競業他社の営業秘密であり，吉田君から不正に取得または不正に開示されたものであることを，開示当初から知っていました。

事後の対応

　Ｙ社としては，直ちに新製品の製造を中止して既に販売した新製品の返品を受け付ける旨の告知をホームページに掲載してその問い合わせ窓口を設置しました。

このケースの みかた

- 製品開発においては他社の特許権・実用新案権・不正競争防止法上の営業秘密などの知的財産権を侵害しないよう十分な注意が必要となります。万が一，他社の知的財産権の侵害と認められると，既に販売した製品の回収等の損害や侵害していた旨の対外公表といった自社の信用失墜につながります。
- 中途採用者から，その前職で得た情報を取得することには，他社の知的財産権侵害というリスクが伴います。

ここが ポイント！

❶ Ｙ社の山本製造部課長その他開発に関わっている者が全員，吉田君の持ち込んだ情報が競業他社の営業秘密であることを知りながら，これを自社の新製品開発に使用していたことは，重大な違法行為といえます。これでは会社ぐるみで知的財産権侵害を行っていたと非難されても仕方ありません。

❷技術的な課題を解決するために必要な人員を確保することは，開発のスピードを飛躍的に速めるのに役立つ方法です。しかし，その際には他社機密情報の混入（コンタミネーション）に十分注意をしなければなりません。

3分間 解説

例えば競業他社に勤めていた従業員を中途採用した場合，その従業員は，従前の競業他社で勤務している中でノウハウ等の情報を保有していることがあります。競合他社の元従業員を中途採用すると，その元従業員が保有している情報が自社に流入するおそれがあり，いわゆるコンタミネーション（情報混入）リスクを考慮することが必要となります。

中途採用者が保有している情報の中には，不正競争防止法上の営業秘密に該当するものがあります。また，中途採用者は，前の勤務先との間で秘密保持契約等を締結していることがあります。

元勤務先は，転職先に対して，不正競争防止法違反に基づき，流出した情報の差止請求や被った損害に対する損害賠償請求などを主張することができます。

採用予定の転入者に対するインタビュー等を通じて，元勤務先に対していかなる義務を負っているかを確認する必要があります。

このような情報混入リスクを防止するためには，まず，他社の秘密情報を自社が取得する可能性がある場合を適切に把握することです。そして，それぞれの場面において，自社が取得する他社秘密情報を明確にします。次に，他社秘密情報の権利関係を確認します。また，必要に応じて，中途採用者から秘密情報に該当し得る情報の開示を受ける場合には，他社が権利を有する秘密情報等が含まれていないこと等を誓約する書面への署名ま

たは記名押印を求めます。こうした手続を適切に実行した上で，秘密情報の内容や取得時期，取得の経緯等を記録し，自社の独自情報とは区別して管理することも重要です。

こちらもチェック！ 関連法令

・営業秘密の侵害（不正競争防止法）

Ｙ社が吉田君から開示を受けた情報等を使用して新製品の製造をすることは，不正競争防止法に規定する不正競争に当たります。Ｙ社は，新製品の製造・販売の停止，新製品と新製品の製造ラインの廃棄といった差止請求（不正競争防止法3条）および，Ｙ社の不正競争によって新製品の販売による売上減少等により競合他社が被った損害の賠償請求（不正競争防止法4条）を受けるおそれがあります。

中途採用した吉田君が，同社の業務に関して，営業秘密侵害罪に当たる行為（不正競争防止法21条1項2号）を行っていること，また，山本製造部課長その他の開発課員が，同社の業務に関して，営業秘密侵害罪に当たる行為（不正競争防止法21条1項7号）を行っていることから，両罰規定により，Ｙ社は，5億円以下の罰金刑を科されるおそれがあります（不正競争防止法22条1項2号）。

・不法行為（民法）

Ｙ社は，山本製造部課長その他の開発課員（被用者）がその事業の執行について競合他社に損害を与えたものとして，使用者責任に基づく損害賠償請求を受ける可能性があります（民法715条）。さらに，Ｙ社自体に，不法行為（民法709条）が成立する可能性もあります。

CASE
30
中途採用者から前職の情報を取得してよいか

●本書は，30個のケースを通じて業務上起こり得る様々な問題とその初動対応，およびそれらに関連する法律知識を簡潔・平易に解説しています。

マネジャーとして，部下とのコミュニケーションやチームのマネジメント，リスクマネジメント等に関するより詳細かつ体系的な知識を得るために役立つツールが「ビジネスマネジャー検定試験®」（https://www.kentei.org/bijimane/）です。

> ビジネスマネジャー検定試験®は，マネジャーとして活躍が期待されるビジネスパーソンに対し，その土台づくりのサポートを目的とし，「あらゆるマネジャーが共通して身につけておくべき重要な基礎知識」を効率的に習得する機会を提供します。
>
> マネジャーのミッションは「チームとして成果を出すこと」です。
>
> ビジネスマネジャー検定試験では，そのミッションを果たすために必要な知識を大きく3つのカテゴリーに大別し，多岐にわたる実践的な知識を体系立てて学習できるよう，分かりやすく整理しています。
>
> カテゴリーは，コミュニケーションや人材育成，チームビルディングなどを学ぶ「人と組織のマネジメント」，事業管理や課題に応じた戦略の立案などを学ぶ「業務のマネジメント」，リスク管理やコンプライアンス，メンタルヘルスやハラスメントの職場管理を学ぶ「リスクのマネジメント」に分類し，ビジネスの実践の場で必要不可欠な知識や情報を網羅しています。

［参考書］
東京商工会議所編『ビジネスマネジャー検定試験®公式テキスト』
東京商工会議所編『ビジネスマネジャー検定試験®公式問題集』

●本書の「３分間解説」や「こちらもチェック！関連法令」でケースに関連する法務知識を紹介していますが，マネジャーが備えておくべき法務知識を体系的・効率的に学習できるツールが「ビジネス実務法務検定試験®」（https://www.kentei.org/houmu/）です。

> ビジネス実務法務検定試験®は，法務部門に限らず営業，販売，総務，人事などあらゆる職種で必要とされる法律知識が習得できます。例えば，営業で取引先との契約書を締結する場面において，契約内容に不備や不利益がないか発見し，正しい判断ができれば，トラブルを未然に防ぐことができます。身につけた正しい法律知識は，業務上のリスクを発見・回避し，会社へのダメージを未然に防ぐことに役立ちます。同時に，自分の身を守ることにもなります。

［参考書］
東京商工会議所編『ビジネス実務法務検定試験®公式テキスト（１〜３級)』
東京商工会議所編『ビジネス実務法務検定試験®公式問題集（１〜３級)』

The Tokyo Chamber of Commerce and Industry

　東京商工会議所は，東京23区内の会員（商工業者）で構成される地域総合経済団体です。1878(明治11)年に設立され，商工業の総合的な発展と社会福祉の増進を目的に，「経済支援活動」・「政策提言活動」・「地域振興活動」を３つの柱として活動しています。

　検定事業は，経済支援活動における人材育成支援のメインメニューのひとつであり，ビジネスマネジャー検定試験やビジネス実務法務検定試験など，様々な検定試験を実施しています。

問題解決はマネジャーの初動で決まる！
■超基本の 30 ケース

2019年10月1日　第1版第1刷発行

編　者	東 京 商 工 会 議 所
制　作	㈱ワールド・ヒューマン・リソーシス
発行者	山　本　　　継
発行所	㈱ 中 央 経 済 社
発売元	㈱中央経済グループ パ ブ リ ッ シ ン グ

〒 101-0051　東京都千代田区神田神保町1-31-2
電話　03 (3293) 3371 (編集代表)
　　　03 (3293) 3381 (営業代表)
http://www.chuokeizai.co.jp/

印　刷／文昌堂印刷㈱
製　本／誠　製　本　㈱

© 2019
Printed in Japan